Vilém Flusser, geboren 1920 in Prag, gestorben 1991, emigrierte 1940 über London nach São Paulo. Nach leitenden Tätigkeiten in der Industrie wurde er 1959 Dozent für Wissenschaftsphilosophie, 1963 Professor für Kommunikationsphilosophie an der Universität São Paulo. Vilém Flusser lebte zuletzt in Robion, Südfrankreich. Veröffentlichungen in deutscher Sprache unter anderen: *Für eine Philosophie der Fotografie* (1983), *Die Schrift* (1987), *Gesten* (1991).

Fabian Wurm, geboren 1957, studierte Literaturwissenschaft und Soziologie. Er ist Redakteur der Zeitschrift »Design Report« und lebt in Frankfurt am Main.

Vilém Flusser

Vom Stand der Dinge

Eine kleine Philosophie des Design

Herausgegeben von Fabian Wurm

Steidl

Bitte bestellen Sie unser kostenloses Gesamtverzeichnis:
Steidl Verlag, Düstere Straße 4, D-37073 Göttingen

97 98 99 00   9 8 7 6 5 4 3 2 1

© Copyright: Steidl Verlag, Göttingen 1993, 1997
Alle Rechte vorbehalten
Umschlaggestaltung: Klaus Detjen,
unter Verwendung eines Fotos von Ellen Bailly
Satz, Druck, Bindung:
Steidl, Düstere Straße 4, D-37073 Göttingen
Printed in Germany
ISBN 3-88243-249-7

Von Fundamenten

Zum Stand der Dinge

Gebilde und Gebäude

Über den Horizont hinaus

(mindestens seit der Renaissance) gel

ne Kultur stellte schroff die Welt de

egenüber, und daher zersprang die Kul

: den wissenschaftlichen, quantifizie

lifizierenden, "weichen". Diese verde

des neunzehnten Jahrhundert unhaltbar

Brøsche, und bildete die Brücke. Die

nmenhang zwischen Technik und Kunst zu

tig ungefähr jene Stelle, an welcher

i wissenschaftliches Denken) zur gege

ultur den Weg zu ebnen.

Erklärung, aber sie genügt nicht. De

det ist doch der Umstand, dass sie al

ten. Die heilere Kultur, für welche '

r sein, die sich dessen bewusst sein

e ist: wen und was betrügen wir, wenn

kurz am design) angagieren? Dafür ei

chine. Sein Design folgt dem menschl:

Technik ist wahrscheinlich so alt wie

Und diese Maschine, dieses Design, d

e Schwerkraft zu überlisten, die Natu

weise gerade dank strategischer Ausnü

türlichen Bedingung zu befreien. Wir

e unsres Körpers womöglich bis zu den

Von Fundamenten

Vom Wort Design

Das Wort ist im Englischen sowohl Substantiv wie Verbum (ein Umstand, der den Geist der englischen Sprache überhaupt kennzeichnet). Als Substantiv meint es unter anderem »Vorhaben«, »Plan«, »Absicht«, »Ziel«, »böswilliger Anschlag«, »Verschwörung«, »Gestalt«, »Grundstruktur«, und all diese und andere Bedeutungen stehen mit »List« und »Hinterlist« in Verbindung. Als Verbum (»to design«) meint es unter anderem »etwas aushecken«, »vortäuschen«, »entwerfen«, »skizzieren«, »gestalten«, »strategisch verfahren«. Das Wort ist lateinischen Ursprungs, es enthält »signum«, das im Lateinischen »Zeichen« meint, und übrigens entspringen »signum« und »Zeichen« dem gleichen uralten Wortstamm. Etymologisch meint also *Design* etwa »ent-zeichnen«. Die hier gestellte Frage lautet: Wie ist das Wort *Design* zu seiner gegenwärtigen internationalen Bedeutung gekommen? Diese Frage ist nicht historisch gemeint, etwa so, daß man in Texten nachschlagen sollte, wann und wo sich das Wort in seiner gegenwärtigen Bedeutung begann einzubürgern. Sie ist semantisch zu verstehen, etwa so, daß man sich überlegt, warum gerade dieses Wort jene Bedeutung gewonnen hat, die ihm in der aktuellen Diskussion über Kultur zukommt.

Das Wort steht in einem Kontext, der mit List und Hinterlist zu tun hat. Ein Designer ist ein hinterlistiger, Fallen stellender Verschwörer. Im gleichen Kontext stehen andere, sehr bedeutende Worte. Vor allem die Worte »Mechanik« und »Maschine«. Das griechische »mechos« meint eine Vorrichtung zum Zweck des Betrügens, eine Falle, und das Trojanische Pferd ist dafür ein Beispiel. Ulysses heißt »polymechanikos«, was wir in der Schule mit »der Listenreiche« übersetzen. Das Wort »mechos« selbst entstammt dem uralten »MAGH«, das wir im Deutschen in »Macht« und »mögen« wiedererkennen. Demnach ist eine Maschine eine Vorrichtung zum Betrügen, zum Beispiel der Hebel zum Betrügen der Schwerkraft, und

»Mechanik« ist die Strategie zum Hinters-Licht-Führen der schweren Körper.

Ein anderes, im gleichen Kontext stehendes Wort ist »Technik«. Das griechische »techné« meint »Kunst«, und es hängt mit »tekton« = »Tischler« zusammen. Der Grundgedanke dabei ist, daß Holz (griechisch »hylé«) ein unförmiges Material ist, dem der Künstler, der Techniker, Form verleiht, und der dadurch die Form überhaupt erst zwingt, zu erscheinen. Platons Grundeinwand gegen Kunst und Technik ist, daß sie theoretisch ersehene Formen (Ideen) verraten und verzerren, wenn sie diese in die Materie setzen. Künstler und Techniker sind für ihn Verräter der Ideen und Betrüger, weil sie hinterlistigerweise die Menschen zum Beschauen verzerrter Ideen verführen.

Das lateinische Äquivalent des griechischen »techné« ist »ars«, und das bedeutet eigentlich »Dreh« (falls dieses Wort aus der deutschen Gaunersprache erlaubt ist). Das Diminutiv von »ars« ist »articulum« = »Künstchen«, und es meint, daß sich etwas um etwas dreht (das Handgelenk zum Beispiel). Daher meint »ars« etwa »Gelenkigkeit« oder »Wendigkeit«, und »artifex« = »Künstler« meint vor allem »Schwindler«. Der eigentliche Artist ist der Taschenspieler. Das ist in Worten wie Artifiz, artifiziell, ja sogar wie Artillerie ersichtlich. Im Deutschen ist selbstredend ein Künstler ein Könner, da ja »Kunst« das Substantiv von »können« ist, aber auch dort wird gekünstelt.

Diese Überlegung allein kann schon erklären, warum das Wort *Design* jene Stelle besetzen konnte, die ihm im gegenwärtigen Gespräch zukommt. Die Worte *Design*, »Maschine«, »Technik«, »ars« und »Kunst« stehen in einer engen Beziehung zueinander, ein Begriff ist ohne die anderen undenkbar, und sie entstammen alle der gleichen existentiellen Einstellung der Welt gegenüber. Dieser innere Zusammenhang ist jedoch jahrhundertelang (mindestens seit der Renaissance) geleugnet worden. Die neuzeitliche, bürgerliche Kultur stellte schroff die Welt der Künste jener der Technik und der Maschinen gegenüber, und daher zersprang die Kultur in zwei voneinander entfremdete Zweige: den wissenschaftlichen, quantifizierbaren, »harten« und den schöngeistigen, qualifizierenden, »weichen«. Diese verderbliche Scheidung begann gegen Ende des neunzehnten Jahrhunderts unhaltbar zu werden. Das Wort *Design* sprang in die Bresche und bildete die Brücke. Dies konnte es tun, weil in ihm der innere Zusammenhang zwischen Technik und Kunst zu Wort kommt. Daher meint *Design* gegenwärtig ungefähr jene Stelle, an welcher Kunst und Technik (und von daher wertendes und wissenschaftliches Denken) zur gegenseitigen Deckung kommen, um einer neuen Kultur den Weg zu ebnen.

Das ist eine gute Erklärung, aber sie genügt nicht. Denn was die oben angeführten Begriffe verbindet, ist doch der Umstand, daß sie alle (unter anderem) Betrug und Hinterlist bedeuten. Die bessere Kultur, für welche Design den Weg ebnen soll, wird eine Kultur sein, die sich dessen bewußt sein wird, daß sie betrügerisch ist. Die Frage ist: Wen und was betrügen wir, wenn wir uns in der Kultur (an Technik und Kunst, kurz im Design) engagieren? Dafür ein Beispiel: Der Hebel ist eine einfache Maschine. Sein Design folgt dem menschlichen Arm, er ist ein künstlicher Arm. Seine Technik ist wahrscheinlich so alt wie die Spezies »Mensch«, vielleicht älter. Und diese Maschine, dieses Design, diese Kunst, diese Technik sieht darauf ab, die Schwerkraft zu überlisten, die Naturgesetze zu hintergehen und hinterlistigerweise gerade dank strategischer Ausnützung eines Naturgesetzes uns aus unserer natürlichen Bedingung zu befreien. Wir sollen uns an einem Hebel trotz der Schwere unseres Körpers womöglich bis zu den Sternen emporheben können; und wenn man uns einen Stützpunkt gibt, dann sollen wir dank des Hebels die ganze Welt aus den Fugen heben können. Das ist das Design, das aller Kultur zugrunde liegt: die Natur dank Technik überlisten, Natürliches durch Künstliches übertreffen und Maschinen bauen, aus denen ein Gott fällt, der wir selbst sind. Kurz: Das Design hinter aller Kultur ist, aus uns natürlich bedingten Säugetieren hinterlistigerweise freie Künstler zu machen.

Ist das nicht eine großartige Erklärung? Das Wort *Design* hat seine gegenwärtige Stellung im allgemeinen Gespräch gewonnen, weil wir uns dessen bewußt zu werden beginnen, daß Mensch-sein ein Design gegen die Natur ist. Leider können wir uns auch damit nicht begnügen. Wenn nämlich *Design* immer deutlicher in den Mittelpunkt des Interesses tritt, wenn die Frage nach dem Design an die Stelle der Frage nach der Idee tritt, dann beginnt der Boden unter unseren Füßen zu wanken. Dafür ein Beispiel: Plastische Füllfedern werden immer billiger und neigen dazu, kostenlos verteilt zu werden. Ihr Material (»hylé« = Holz) ist praktisch wertlos, und die Arbeit (die laut Marx die Quelle aller Werte ist) wird dank ausgeklügelter Technik von vollautomatischen Maschinen geleistet. Das einzige, was den plastischen Füllfedern Wert verleiht, ist ihr Design, denn ihm ist es zu verdanken, daß sie schreiben. Dieses Design ist eine Koinzidenz von großartigen Ideen, die, aus Wissenschaft, Kunst und Wirtschaft kommend, sich gegenseitig befruchtet und schöpferisch überschnitten haben. Und dennoch ist es ein Design, an dem wir achtlos vorbeigehen, und darum neigen die Füllfedern dazu, kostenlos verteilt zu werden – als Werbeträger beispielsweise. Die großartigen Ideen hinter den Federn werden ebenso verachtet wie das dahinter stehende Material und die dahinter stehende Arbeit.

Wie ist diese Entwertung aller Werte erklärlich? Aus der Tatsache, daß wir uns dank des Wortes *Design* bewußt zu werden beginnen, daß alle Kultur ein Betrug ist, daß wir betrogene Betrüger sind und daß jedes Engagement an der Kultur auf Selbstbetrug hinausläuft. Es ist zwar richtig, daß nach dem Überwinden der Scheidung zwischen Kunst und Technik ein Horizont aufgerissen wurde, innerhalb dessen wir immer perfekter *designen* können, uns immer höher aus unserer Bedingung befreien können, immer künstlicher (schöner) leben können. Aber der Preis, den wir dafür zahlen, ist der Verzicht auf Wahrheit und Echtheit. Der Hebel ist tatsächlich daran, alles Wahre und Echte aus den Fugen zu heben und es mechanisch durch perfekt designte Kunstwerke zu ersetzen. Und daher werden alle diese Kunstwerke ebenso wertvoll wie plastische Füll-federn: wegzuwerfende *gadgets*. Und das stellt sich spätestens dann heraus, wenn wir sterben. Denn trotz aller technischen und künstlerischen Strategien (trotz Krankenhausarchitektur und Totenbettdesign) sterben wir eben, wie Säugetiere sterben. Das Wort *Design* hat seine gegenwärtige Zentralstellung im all-gemeinen Gespräch gewonnen, weil wir (wahrscheinlich zu Recht) den Glauben an Kunst und Technik als Quellen von Wer-ten zu verlieren beginnen. Weil wir das Design dahinter zu durchblicken beginnen.

Das ist eine ernüchternde Erklärung. Aber auch sie ist nicht zwingend. Denn hier ist ein Geständnis geboten. Dieser Aufsatz folgt nämlich einem ganz spezifischen Design: Er will die listigen und heimtückischen Aspekte im Wort *Design* zutage fördern. Er tut dies, weil sie für gewöhnlich verschwiegen wer-den. Wäre er einem anderen Design gefolgt, hätte er etwa dar-auf gepocht, daß *Design* mit Zeichen, Anzeichen, Vorzeichen, Abzeichen zu tun hat, dann wäre vielleicht eine andere, ebenso plausible Erklärung für die gegenwärtige Stellung des Wortes herausgekommen. So ist es eben: Alles kommt aufs Design an.

Der Blick des Designers

Es gibt einen Vers im Cherubinischen Wandersmann, der hier auswendig zitiert wird: »Zwei Augen hat die Seel: eins blickt in die Zeit, das andere blickt hinweg, hinan zur Ewigkeit.« (Wer treu sein will, möge nachschlagen und das Zitat korrigieren.) Der Blick des ersten Auges hat seit der Erfindung des Fernrohrs und des Mikroskops eine Reihe von technischen Verbesserungen erfahren. Wir können gegenwärtig weiter, tiefer und genauer in die Zeit Einblick gewinnen, als Angelus Silesius dies ahnen konnte. Jüngst sind wir sogar in der Lage, alle Zeit auf einen einzigen Zeitpunkt zu raffen und im Fernsehschirm alles gleichzeitig zu sehen. Was den Blick des zweiten Auges betrifft, jenen Blick, der die Ewigkeit ersieht, so werden die ersten Schritte in Richtung seiner technischen Vervollkommnung erst seit wenigen Jahren unternommen. Das will der vorliegende Aufsatz besprechen.

Die Fähigkeit, durch die Zeit hindurch in die Ewigkeit zu blicken und das derart Erblickte abzubilden, ist spätestens seit dem dritten Jahrtausend ins Spiel gebracht worden. Damals nämlich standen Leute auf mesopotamischen Hügeln, blickten flußaufwärts, sahen Überschwemmungen und Trockenheiten voraus und zeichneten Striche in Lehmziegel ein, welche künftig zu grabende Kanäle meinten. Damals wurden diese Leute als Propheten angesehen, aber wir würden sie eher Designer nennen. Dieser Unterschied in der Bewertung des »zweiten Auges der Seele« ist bedeutungsschwanger. Die Leute damals in Mesopotamien, und die weitaus meisten Leute heutzutage, waren der Meinung, es gehe bei dem Blick darum, die Zukunft vorauszusehen. Wenn jemand Bewässerungskanäle gräbt, so tut er dies, weil er die Zukunft des Wasserlaufs voraussieht. Seit den griechischen Philosophen jedoch, und seither unter allen mehr oder weniger gebildeten Leuten, ist man der Meinung, daß dieser zweite Blick nicht die Zukunft, sondern die Ewigkeit sieht. Nicht den künftigen Wasserlauf des Euphrat, sondern die Form aller Wasserläufe. Nicht die künftige Raketenbahn, sondern die Form aller Bahnen, nach denen sich Körper in Gravitationsfeldern bewegen. Ewige Formen. Nur sind die gegenwärtigen gebildeten Leute nicht genau der gleichen Meinung wie die griechischen Philosophen.

Folgt man zum Beispiel Platon (bei dem der Blick des zweiten Auges der Seele »Theorie« heißt), dann ersehen wir durch die flüchtigen Erscheinungen hindurch ewige, unveränderliche Formen (»Ideen«), so wie sie im Himmel dastehen. Demzufolge ist damals in Mesopotamien die Sache so gemacht worden: Einige Leute haben sich hinter dem Euphrat theoretisch Formen ersehen und diese aufgezeichnet. Sie haben als erste theoretische Geometrie getrieben. Die Formen, die sie entdeckt hatten, zum Beispiel Dreiecke, sind »wahre Formen« (griechisch ist »Wahrheit« und »Entdeckung« das gleiche Wort, nämlich »aletheia«). Aber als sie die Dreiecke in die Lehmziegel einzeichneten, haben sie jene verzeichnet. Zum Beispiel ist die Winkelsumme beim gezeichneten Dreieck nicht genau 180°, obwohl dies beim theoretischen Dreieck genau der Fall ist. Den Geometern sind beim Übertragen der Theorie in die Praxis Irrtümer unterlaufen. Und das ist die Erklärung dafür, daß keine Kanalisation (und kein Raketenflug) ganz richtig funktioniert.

Wir sehen die Sache heute etwas anders. Wir glauben (kurz gesagt) nicht mehr, daß wir Dreiecke entdecken, sondern eher, daß wir sie erfinden. Die Leute damals in Mesopotamien haben sich Formen wie Dreiecke zurechtgebastelt, um den Flußlauf des Euphrat irgendwie berechnen zu können, und dann haben sie eine gebastelte Form nach der anderen an den Fluß angelegt, bis der Fluß hineingepaßt hat. Galilei hat die Formel des freien Falls nicht entdeckt, sondern erfunden: Er hat eine Formel nach der anderen ausprobiert, bis die Sache mit dem Fallen der schweren Körper geklappt hat. Demnach ist die theoretische Geometrie (und die theoretische Mechanik) ein Design, das wir den Erscheinungen unterlegen, um sie fest in den Griff zu bekommen. Das klingt vernünftiger als der platonische Glaube an die himmlischen Ideen, aber in Wirklichkeit ist es außerordentlich ungemütlich.

Wenn die sogenannten Naturgesetze unsere Erfindung sind, warum richten sich Euphrat und Raketen gerade nach diesen und nicht ebensogut nach anderen Formen und Formeln? Zugegeben: Ob sich die Sonne um die Erde oder die Erde um die Sonne dreht, ist lediglich eine Frage des Design. Aber: Ist es auch eine Frage des Design, wie die Steine fallen? Anders gesagt: Wenn wir nicht mehr der platonischen Meinung sind, der Designer der Erscheinungen stehe im Himmel und müsse theoretisch entdeckt werden, sondern eher, daß wir selbst die Erscheinungen designen, warum eigentlich sehen die Erscheinungen so aus, wie sie eben aussehen, anstatt auszusehen, wie wir es wollen? Diese Ungemütlichkeit kann im vorliegenden Aufsatz allerdings nicht ausgeräumt werden.

Hingegen steht außer Zweifel, daß die Formen, ob entdeckt oder erfunden, ob von einem himmlischen oder menschlichen Designer gemacht, ewig sind, nämlich raum- und zeitlos. Die Winkelsumme eines theoretischen Dreiecks ist immer und überall 180°, ob wir es nun im Himmel entdeckt oder auf dem Zeichentisch erfunden haben. Und wenn wir den Zeichentisch krümmen und nicht-euklidische Dreiecke mit anderen Winkelsummen designen, dann sind auch solche Dreiecke ewig. Der Blick des Designers, des menschlichen wie des himmlischen, ist zweifellos jener des zweiten Auges der Seele. Und hier stellt sich die folgende eigenartige Frage: Wie sieht die Ewigkeit eigentlich aus? Etwa so wie ein Dreieck (wie beim Euphrat) oder so wie eine Gleichung (wie bei fallenden Steinen) oder noch anders? Antwort: Sie mag aussehen, wie sie will, sie kann immer dank analytischer Geometrie auf Gleichungen zurückgeführt werden.

Hier kann mit der Technisierung des zweiten Auges der Seele begonnen werden. Man kann alle ewigen Formen, alle unveränderlichen Ideen als Gleichungen formulieren, diese Gleichungen aus dem Zahlencode in Computercodes übertragen und in Computer füttern. Der Computer kann seinerseits diese Algorithmen als Linien, Flächen und (etwas später) als Volumina im Schirm und in Hologrammen aufleuchten lassen. Er kann »numerisch generierte« synthetische Bilder daraus machen. Was man dann mit dem ersten Auge der Seele sieht, ist exakt das, was mit dem zweiten Auge der Seele ersehen wird. Was da auf dem Computerschirm erscheint, sind ewige, unveränderliche Formen (zum Beispiel Dreiecke), die aus ewigen unveränderlichen Formeln (zum Beispiel »1+1=2«) hergestellt wurden. Aber dennoch lassen sich dann sonderbarerweise diese unveränderlichen Formen verändern: Man kann Dreiecke verzerren, drehen, schrumpfen und wachsen lassen. Und alles, was dabei herauskommt, ist ebenfalls eine ewige, unveränderliche Form. Das zweite Auge der Seele blickt noch immer in die Ewigkeit, aber es kann nun diese Ewigkeit manipulieren.

Das ist der Blick des Designers: Er hat so ein Scheitelauge (nämlich so einen Computer), dank dem er Ewigkeiten ersieht und behandelt. Und dann kann er einem Roboter befehlen, das derart ersehene und manipulierte Ewige ins Zeitliche zu übertragen (zum Beispiel Kanäle zu graben oder Raketen zu bauen). In Mesopotamien nannte man ihn einen Propheten. Er verdient eher den Namen eines Gottes. Nur ist er sich dessen Gott sei Dank nicht bewußt und hält sich für einen Techniker oder Künstler. Gott erhalte ihm diesen Glauben.

Von Formen und Formeln

Der Ewige (gepriesen sei Sein Name) hat die Welt aus dem Chaos, dem Tohuwabohu geformt. Die Neurophysiologen (sie mögen namenlos bleiben) sind Ihm dahintergekommen, und jetzt ist jeder anständige Designer befähigt, es Ihm nachzumachen und besser als Er zu machen.

Und das sieht so aus: Lange Zeit meinte man, die Formen, die Gott der Schöpfer mit Inhalt gefüllt hat, seien hinter dem Inhalt verborgen und man könne sie dort entdecken. Zum Beispiel habe der Herr die Form des Himmels erfunden und habe sie am ersten Tag der Schöpfung dem Chaos aufgesetzt. So seien die Himmel entstanden. Und Leute wie Pythagoras und Ptolemäus haben diese göttlichen Formen hinter den Erscheinungen entdeckt und aufgezeichnet. Es geht um Kreise und Epizykel; das eben heißt Forschung: das göttliche Design hinter den Erscheinungen entdecken.

Seit der Renaissance ist man auf etwas Überraschendes und bisher Unverdautes gekommen: Die Himmel lassen sich zwar in ptolemäischen Kreisen und Epizykeln, aber noch besser in kopernikanischen Zirkeln und keplerschen Ellipsen formulieren und formalisieren.

Wie ist das eigentlich? Hat Gott der Schöpfer Kreise, Epizykel oder Ellipsen am ersten Tag der Schöpfung verwendet? Oder war das gar nicht Gott der Herr, sondern die Herren Astronomen, die diese Formen festgesetzt haben? Sind die Formen nicht göttlich, sondern menschlich? Sind sie etwa nicht ewig im Jenseits, sondern plastisch und modellierbar im Diesseits? Sind sie etwa gar nicht Ideen und Ideale, sondern Formeln und Modelle? Das Unverdauliche daran ist nicht das Absetzen Gottes und das Einsetzen von Designern als Weltenschöpfer. Sondern das tatsächlich Unverdauliche daran ist, daß sich die Himmel (und überhaupt alle Naturaspekte) nicht beliebig formalisieren lassen, wie sie es ja sollten, falls wir tatsächlich den Thron Gottes bestiegen haben sollten. Warum folgen die Planeten zwar entweder zirkulären oder epizyklischen oder elliptischen Bahnen, aber nicht quadratischen oder triangulären? Warum können wir die Naturgesetze zwar verschiedentlich, aber nicht beliebig formulieren? Gibt es etwa dort draußen etwas, was einige unserer Formeln schluckt, aber andere ausspuckt und uns ins Gesicht spuckt? Ist dort draußen etwa eine »Wirklichkeit«, die sich zwar von uns informieren und formulieren läßt, aber die dennoch eine Anpassung von uns fordert?

Die Frage ist unverdaulich, denn man kann nicht zugleich Designer und Schöpfer der Welt sein und zugleich dieser Welt unterworfen. Glücklicherweise (denn »Gott sei Dank« läßt sich ja da nicht sagen) haben wir jüngst eine Lösung für diese Aporie gefunden. Eine sich möbiusartig schlingende Lösung. Und sie sieht so aus: Unser Zentralnervensystem (ZNS) empfängt digital codierte Reize aus seiner Umwelt (die, selbstredend, unseren Körper mit einschließt). Diese Reize prozessiert das System mittels noch nicht völlig durchblickter elektromagnetischer, chemischer Methoden zu Wahrnehmungen, Gefühlen, Wünschen und Gedanken. Wir nehmen die Welt so wahr, wir empfinden so, wir wünschen so, wie das ZNS sie prozessiert hat; und dieser Prozeß ist im ZNS vorprogrammiert. Er ist dem System in unserer genetischen Information vorgeschrieben. Die Welt hat für uns jene Formen, die in der genetischen Information seit Beginn des Lebens auf Erden angelegt sind. Das ist die Erklärung dafür, daß wir der Welt nicht alle beliebigen Formen aufdrücken können. Die Welt nimmt nur jene Formen an, die unserem Lebensprogramm entsprechen.

Wir haben diesem Lebensprogramm ein Schnippchen, ja sogar eine ganze Serie von Schnippchen, zu schlagen. Wir haben nämlich Methoden und Apparate erfunden, die ähnliches leisten wie das Nervensystem, nur anders. Wir können die von überall ankommenden Reize (Partikel) anders als das ZNS computieren. Wir können andere, alternative Wahrnehmungen, Gefühle, Wünsche und Gedanken erzeugen. Wir können, außer in der dank ZNS computierten Welt, auch in anderen Welten leben. Wir können mehrmals dasein. Und das Wort »da« kann mehrere Bedeutungen haben. Das eben Gesagte ist zwar ungeheuerlich, ja monströs, aber es gibt dafür beschwichtigende Namen: *Cyberspace* und *virtueller Raum* sind solche Beschönigungen. Und sie meinen folgende Kochrezepte:

Man nehme eine Form, irgendeine, und zwar irgendeinen numerisch artikulierbaren Algorithmus. Man füttere diese Form durch einen Computer in einen Plotter. Die derart ersichtlich gewordene Form fülle man so dicht wie möglich mit Partikeln. Und siehe da, es entstehen Welten. Jede dieser Welten ist ebenso wirklich wie die des ZNS (also die bisher unsere), insofern es gelingt, die Formen ebenso dicht zu füllen, wie dies das ZNS leistet.

Das ist eine schöne Hexenküche: Wir kochen Welten in beliebigen Formen und tun dies mindestens ebenso gut wie es der Schöpfer im Verlauf der berühmten sechs Tage getan hat. Wir sind *die* Hexenmeister, *die* Designer, und das erlaubt uns, da wir nun einmal Gott übertrumpft haben, die Frage der Wirklichkeit über alle Tischkanten und Immanuelkanten hinwegzufegen: Wirklich ist, was anständig, tüchtig, gewissenhaft in Formen hineincomputiert ist; und unwirklich ist (zum Beispiel träumerisch, illusorisch), was schlampig computiert ist. Zum Beispiel ist das Traumbild der geliebten Frau nicht richtig wirklich, weil wir eine schlampige Traumarbeit geleistet haben. Übergeben wir jedoch die Sache einem Berufsdesigner, der womöglich mit einem Holographen ausgestattet ist, so wird er uns wirkliche geliebte Frauen und nicht schlampige Träume liefern. So wird es aussehen.

Wir sind dem Ewigen (gelobt sei Sein Name) auf die Schliche gekommen, haben ihm seine Kochrezepte geklaut und kochen jetzt besser. Ist es tatsächlich eine neue Geschichte? Wie war denn das mit Prometheus und dem gestohlenen Feuer? Vielleicht meinen wir nur, vor Computern zu sitzen, und sind tatsächlich daran, an den Kaukasus geschmiedet zu werden? Und vielleicht wetzen sich schon einige Vögel die Schnäbel, um an unseren Lebern zu picken?

Design als Theologie

Man war im 19. Jahrhundert der Auffassung, daß der Westen der Westen sei, der Osten der Osten, daß die beiden nie zusammenkommen können (West is West and East is East, and never the twine can meet). Das war eine auf tiefer Einsicht beruhende Meinung. Denn für den Westen ist der Tod das Entsetzlichste, und für den Osten ist es das Leben. Im Westen muß man sterben (das ist der Lohn der Sünde), und im Osten muß man immer wiedergeboren werden (das ist die Strafe für begangene Verbrechen). »Erlösung« im Westen ist die Überwindung des Todes, im Osten ist es die Überwindung des Wiedergeborenwerdens. Christus verspricht das ewige Leben, der Buddha die Befreiung vom Leben. Anders gesagt: Im Westen will man nicht sterben, aber man muß es, und im Osten will man nicht leben (weil man es als ein Leiden erkannt hat), aber man muß wiedergeboren werden. Ein unüberbrückbarer Abgrund scheint zwischen diesen zwei Welten zu gähnen. Aber wenn man einen japanischen Apparat in der Hand hat (zum Beispiel ein Taschenradio), dann begreift man, daß der gähnende Abgrund beginnt, sich zu schließen.

Nichts ist einfacher, als dieses bisher unerhörte Ereignis zu banalisieren. Das Taschenradio ist ein Produkt westlicher angewandter Wissenschaft, und sein Design ist japanisch. So etwas hat es immer gegeben. Zum Beispiel ist chinesisches Porzellan nach englischem Design hergestellt worden. Wahrscheinlich sind schon ins römische Imperium fernöstliche Kultureme gedrungen und umgekehrt hellenistische nach China. Von mongolischen Drachen auf gotischen Kathedralen und von alexandrinischen Helmen der Götter in Angkor Watt ganz zu schweigen. Design folgt nicht der Funktion, sondern den Händlern in ihren Schiffen oder auf Seidenstraßen. Man muß keinen Christus und keinen Buddha bemühen, um das japanische Taschenradio einzusehen. Es genügt, die Erschließung der japanischen Häfen durch die amerikanische Flotte oder die japanische Industriespionage im Europa und Amerika der Zwischenkriegszeit zu bedenken. Und doch: Sobald man derart banalisiert, fühlt man, das zu erklärende Phänomen aus dem Griff verloren zu haben. Sind Toyotas auf deutschen Autobahnen etwa nicht mit Fiats, sondern eher mit der Goldenen Horde vergleichbar?

Das japanische Taschenradio zwängt nicht etwa westliche angewandte Wissenschaft in eine orientalische Gestalt, sondern es ist eine Synthese, innerhalb welcher sich beide gegenseitig überholen. Das ist, wenn man sie bedenkt, eine erschütternde Behauptung. Die westliche Wissenschaft ist jener theoretischen Distanz zu verdanken, welche sich öffnet, wenn man der Welt der Erscheinungen gegenüber eine kritisch-zweifelnde Einstellung einnimmt. Die orientalische Gestalt ist einem sehr spezifischen konkreten Erleben zu verdanken, dank welchem Mensch und Welt verschwimmen. Zwischen wissenschaftlicher Theorie und konkretem Erleben der untrennbaren Einheit klafft jener Abgrund, von dem gesprochen wurde. Und doch: Ist es dem Taschenradio gelungen, beides zu synthetisieren? Ist es ihm gelungen, Botanik mit Ikebana, Ballistik mit Bogenschießen, Schach mit Go zu neuer Einheit zu verbinden? Denn darauf läuft ja die Behauptung heraus, daß im Taschenradio das japanische Design nicht einfach auf ein Radio aufgesetzt wurde, sondern daraus herauswuchs.

Vielleicht kommt man dem (für die Zukunft mitentscheidenden) Problem näher, wenn man versucht, den westlichen Begriff von *Design* mit fernöstlichen Vorstellungen zu konfrontieren. Von uns aus gesehen, wird *Design* oft verstanden als das Aufsetzen einer Form auf eine unförmige Masse. Die Form (»eideia«) ist dem theoretischen Blick ersichtlich: Zum Beispiel ersieht man theoretisch, daß das Dreieck eine Form ist, deren Winkelsumme 180° ist. Nun nimmt man dies theoretisch Ersehene, drückt es auf Unförmiges auf und hat, sagen wir einmal, eine Pyramide »designt« (gestaltet). Allerdings muß man

dabei in Kauf nehmen, daß die Winkelsumme im derart Herge-
stellten nicht mehr genau 180° ist. Kein Design kann »perfekt«
sein, sich völlig mit seinem theoretisch ersehenen Modell dek-
ken. Das ist unser eigenes Design-Problem, aber mit Sicherheit
nicht jenes des Fernen Ostens. Wir können beobachten, wie
unter den Händen von Orientalen Gestalten entstehen, etwa
gepinselte Schriftzeichen oder Papierblumen oder einfach nur
die Gestalt der teetrinkenden Geste. Dabei geht es nicht darum,
eine Idee auf etwas Amorphes zu setzen. Sondern wohl darum,
aus sich selbst und aus der umgebenden Welt eine umfassende
Gestalt entspringen zu lassen. *Design* wäre dann – im fernöstlichen Sinne – jenes Sich-versenken ins Nicht-Ich (zum Beispiel ins Papier, in den Pinsel und in die Farbe), dank welchem
sich das Ich überhaupt erst (zum Beispiel als Schriftzeichen)
gestaltet.

Während demnach im Westen das Design den in die Welt
eingreifenden Menschen bezeugt, ist es im Osten die Weise, wie
Menschen aus der Welt emportauchen, um sie zu erleben.
Nimmt man das Wort *ästhetisch* in seiner ursprünglichen
Bedeutung (nämlich »erlebbar«), dann ist *Design* im Osten rein
ästhetisch.

Nun ist es selbstredend nicht etwa so, als ob beim
Taschenradio der japanische Designer in einer Art von Unio
mystica mit plastischem Material und Kupferdraht aus der Welt
emporgetaucht wäre. Ebensowenig wie bei einem westlichen
Taschenradio der Designer aus einer theoretischen Sicht in die
Welt eingreift, um ihr Form zu geben. Sondern beide Designer,
der östliche wie der westliche, haben bei ihrem Gestalten den
Markt und die Funktion des von ihnen zu gestaltenden Gegen-
standes vor Augen. Aber diese scheinbare Parallele darf uns
nicht täuschen. Der japanische Designer kommt aus einem kulturellen Kontext, für welchen der Buddha als Erlöser vom
Leben charakteristisch ist, und das ist seinem Design anzusehen: den verkrüppelten Zwergbäumen und den verschieb-
baren Wänden, den Sandalen und dem Taschenradio, dem
Walkman und künftig den elektronischen und genetischen

Robotern und künstlichen Intelligenzen. In allem derartigem Design kommt die eigenartige ästhetische Qualität des Verschwimmens mit der Umwelt, der Selbstauflösung zum Ausdruck. Ein phänomenologisch geschulter Blick mußte dies im Taschenradio, im Toyota und im Fotoapparat ebenso feststellen können wie bei japanischen (und überhaupt fernöstlichen) Speisen.

Das ist aus folgendem Grund eine erschütternde Behauptung: Die Naturwissenschaft und die darauf fußende Technik konnten nur auf westlichem Boden entstehen. Sie setzen die theoretische Distanz voraus, aber auch die jüdische Überzeugung, daß man die Welt verändern muß, um sich selbst zu verändern. Im Grunde ist die Wissenschaft eine Methode, den jüdisch-christlichen Gott »hinter den Erscheinungen« zu entdecken, und die Technik eine Methode, das Reich dieses Gottes auf Erden herzustellen. Verpflanzt man Wissenschaft und Technik in ein fernöstliches Design, dann müssen beide ihr Wesen verändern.

Diese schicksalsträchtige Veränderung ist bereits im Gang, auch wenn wir uns davon nicht immer Rechenschaft geben. Was aus den japanischen Laboratorien dringt, ist nicht mehr die gleiche Wissenschaft wie jene, die zur Industrierevolution geführt hat, denn ein ganz anderer »Geist« kommt darin zum Ausdruck. Die Industrieprodukte, die von Japan aus über den Erdball fluten, atmen nicht die gleiche Atmosphäre, in welcher die Industrierevolution seit der Aufklärung lebte. Und dies wird sich noch deutlicher zeigen, wenn China in die wissenschaftliche und technische Entwicklung schöpferisch eindringt. Es ist, als ob die Intention, mit welcher ursprünglich Wissenschaft und Technik geschaffen wurden, sich umgebogen hätte. Man kann dieses Umbiegen der fundamentalen Absicht unter anderem so erfassen:

Unsere Wissenschaft ist ein logischer Diskurs, und dieser Diskurs ist alphanumerisch verschlüsselt. Anders gesagt: Die Wissenschaft beschreibt und berechnet die Natur nach den Regeln des linearen Schreibens und Denkens. Die Absicht hinter der Technik ist, die beschriebene und ausgerechnete Natur in den Griff zu bekommen, dem Wissen zur Macht zu verhelfen. Im Fernen Osten gibt es keinen Code, der strukturell mit dem alphanumerischen vergleichbar wäre. Die Wissenschaft und Technik ist dort nur englisch und in unserem Zahlensystem denkbar. Jetzt aber wird der alphanumerische Code zugunsten von digitalen Computercodes aufgegeben. Diese neuen Codes haben mit fernöstlichen (etwa mit ideographischen) mehr als mit linearen gemeinsam. Jetzt wird Wissenschaft und Technik im Fernen Osten mindestens ebensogut wie im Westen denkbar. Eine andere Absicht steht nun hinter ihnen.

Vom Westen aus gesehen, ist, was sich da anbahnt, als eine Auflösung der Grundstrukturen der okzidentalen Kultur hinzunehmen. Die Flut von Produkten, die aus dem Osten zu uns dringen, kommt so designt an, daß wir anhand eines jeden Produktes das östliche Lebensklima konkret erfahren. Mit jedem japanischen Taschenradio lernen wir konkret (»ästhetisch«) das buddhistische oder taoistische oder Schinto-Lebensgefühl kennen. Wir erleben, wie unsere Denkart, die unter anderem zu Wissenschaft und Technik geführt hat (aber auch zu anderen, fürchterlicheren Dingen), sich im Orientalischen auflöst. Weit mehr als die verschiedenen orientalisierenden Sekten (wie sie vor allem in Amerika aus dem Boden schießen) ist es das Design der orientalischen Industrieprodukte, das uns den Boden des Judenchristentums unter den Füßen entzieht und in den Osten eintaucht. Aber wahrscheinlich wird von Osten gesehen genau das umgekehrte Gefühl entstehen. Der Einbruch der westlichen Wissenschaft und Technik wird dort wahrscheinlich als eine Auflösung des orientalischen Lebensgefühls verstanden, und dies wird deutlich, wenn man das Design der Taschenradios mit jenem der Kimonos vergleicht oder mit jenem der Samuraischwerter.

Von einem »höheren« Standpunkt gesehen, ist gegenwärtig vielleicht von einem Ineinanderfließen des Westens mit dem Fernen Osten zu sprechen. Vielleicht äußert sich im Design der *nach-industriellen* (»post-modernen«?) Produkte dieses gegenseitige Zersetzen. Aber das 19. Jahrhundert war doch im Recht, wenn es ein Verfließen des Buddha im Christus oder umgekehrt für unmöglich ansah. Der Gott des einen ist der Teufel des anderen. Vielleicht bahnt sich eine allgemeine Verflachung an, ein gegenseitiges Zerstören der Werte?

In dieser Sache ist es nötig, Ehrlichkeit vor gleichmachendes Gerechtigkeitsgefühl zu stellen. Es gibt eben nur zwei menschliche Hochkulturen: die fernöstliche und die unsere. Alle anderen sind entweder Überdeckungen zwischen beiden (zum Beispiel Indien), oder es sind Ansätze zu bisher nicht ausgebildeten Formen. Wenn, wie es den Anschein hat, das Verpflanzen der westlichen Wissenschaft und Technik in den Fernen Osten zu einem Verwässern beider Kulturen führt, dann allerdings ist tatsächlich von »Massenkultur« zu sprechen, einer Kultur, die sich ästhetisch als verkitschtes Design äußert. Aber man kann den ansetzenden Prozeß des Treffens von West und Ost auch anders zu fassen versuchen. Was geschieht, wenn in dem Design der post-industriellen Produkte ein neues existentielles Gefühl zum Ausdruck kommen sollte?

Eingangs wurde unterbreitet, der grundlegende Unterschied zwischen dem Westen und dem Osten sei die Einstellung zum Tod und zum Leben. Aus der westlichen Einstellung sind die griechische Philosophie, die jüdische Prophetie und von daher das Christentum, die Wissenschaft und die Technik entstanden. Aus der östlichen Einstellung ist eine ästhetisch-pragmatische Lebensstrategie entstanden, die wir Okzidentalen nie völlig durchblicken können. Jetzt können (oder müssen) diese beiden miteinander nicht in Einklang zu bringenden Einstellungen ineinander verfließen. Sie haben bereits verschiedene neue Codes hervorgebracht (die Computercodes), welche den Abgrund überbrücken. Und sie bringen aus ihrer Verschmelzung eine Wissenschaft und Technik hervor, die sich nicht mehr einreihen läßt und deren Produkte in einem Geist designt sind, der nicht mehr in die alten Kategorien paßt. Sollte man nicht etwa dieses Design einer »theologischen« Analyse unterwerfen, um herauszufinden, ob die Einstellung zu Leben und

Tod darin auf eine neue Ebene gestellt wird? Kommen in diesem Design nicht etwa ein »aufgehobenes« Judenchristentum und ein »aufgehobener« Buddhismus zum Ausdruck, für welche uns vorläufig Worte fehlen? Das ist eine gewagte, abenteuerliche Hypothese. Aber wenn man ein japanisches Taschenradio in der Hand hält und sich in sein Design vertieft, dann erscheint die Hypothese nicht mehr so abenteuerlich, sondern wird geradezu nötig. Dies nahezulegen, ist die Absicht dieses Aufsatzes, welcher allerdings gestehen muß, daß er das hier Vorgeschlagene als vorläufig betrachtet. Er will als *Essay*, als Versuch einer Hypothese gelesen werden.

Ethik im Industriedesign?

Vor nicht allzu langer Zeit wäre dies eine überflüssige Frage
gewesen. Die Moral der Dinge? Der Designer hatte in erster
Linie die Herstellung nützlicher Objekte im Sinn. Messer beispielsweise mußten so entworfen sein, daß sie etwas gut durch-
schneiden konnten – unter anderem die Kehlen von Feinden.
Und darüber hinaus galt, daß eine Konstruktion, die von Nut-
zen sein sollte, akkurat zu sein hatte – im Sinne ihrer Überein-
stimmung mit wissenschaftlichen Erkenntnissen. Sie sollte
schön aussehen – in dem Sinne, daß sie zur Erfahrung für ihren
Benutzer werden konnte. Das Ideal des Konstrukteurs war
pragmatisch, also funktionell. Moralische, auch politische
Erwägungen spielten für ihn kaum eine Rolle. Sittliche Normen wurden von der Öffentlichkeit fixiert – entweder von einer
übermenschlichen Instanz oder durch Konsens beziehungsweise beidem. Und die Designer ebenso wie die Benutzer des
Produkts waren jenen Normen unter Androhung von Strafe – in
diesem oder im kommenden Leben – unterworfen.

Die Frage nach der Moral der Dinge, nach der sittlichen
und politischen Verantwortung des Designers jedoch hat in der
gegenwärtigen Situation eine neue Bedeutung (und sogar
Dringlichkeit) erhalten. Dafür gibt es mindestens drei verschiedene Gründe.

Erstens: Es gibt keine Öffentlichkeit mehr, die Normen
prägt. Obwohl nach wie vor autoritäre Instanzen existieren
(religiöser, politischer und sittlicher Natur), können ihre
Regeln kein Vertrauen mehr beanspruchen; ihre Kompetenz
im Hinblick auf die industrielle Produktion ist zweifelhaft.
Autoritäten wird folglich immer weniger geglaubt, nicht zuletzt
auch, weil die Kommunikationsrevolution den öffentlichen
Raum, wie wir ihn bislang kannten, zerstört hat. Man bezwei-
felt ihre Kompetenz, da die industrielle Produktion äußerst
kompliziert geworden ist und Normen jeglicher Art dazu nei-

gen, mißverständlich simpel zu sein. Somit inkompetent geworden, tendiert jede autoritäre Universalisierung von Normen dazu, den industriellen Fortschritt eher zu behindern beziehungsweise zu desorganisieren, anstatt ihm eine Richtlinie zu geben. Die einzige Instanz, die noch mehr oder weniger intakt zu sein scheint, ist die Wissenschaft. Allerdings erhebt sie stets den Anspruch, wertfrei zu forschen, und liefert infolgedessen zwar technische, aber keine moralischen Normen.

Zweitens: Die industrielle Produktion, einschließlich des Design, hat sich zu einem komplexen Geflecht entwickelt, das sich der Informationen verschiedener Bereiche bedient. Die Menge der Informationen, die dem Hersteller zugänglich sind, geht weit über die Kapazität des individuellen Gedächtnisses hinaus. Selbst wenn man künstliche Speichermöglichkeiten verwendet, ergibt sich das Problem, wie diese Informationen zur weiteren Verarbeitung ausgewählt werden können. Infolgedessen ist es notwendig geworden, in Gruppen zu agieren, in Teams, die sich aus menschlichen und künstlichen Komponenten zusammensetzen; das Resultat kann mithin nicht einem Verfasser zugeschrieben werden. Der Designprozeß ist also hochgradig arbeitsteilig organisiert. Aus diesem Grund ist keine einzelne Person mehr für ein Produkt verantwortlich zu machen. Selbst wenn es Instanzen gäbe, die Normen schüfen, würde sich niemand persönlich an sie gebunden fühlen. Diese moralische Verantwortungslosigkeit, die der Logik des Produktionsprozesses folgt, muß konsequenterweise auch moralisch verwerfliche Erzeugnisse hervorbringen, sollte es nicht gelingen, sich über eine Art ethischen Code für das Design zu verständigen.

Drittens: In der Vergangenheit wurde stillschweigend angenommen, daß die moralische Verantwortung für ein Produkt bei seinem Benutzer liege. Wenn jemand einen anderen mit dem Messer erstach, hatte allein er die Verantwortung zu tragen und nicht etwa der Designer des Messers. Somit war die Konstruktion von Messern irgendeine vor-ethische, wertfreie Tätigkeit. Das ist jedoch heute nicht mehr so. Viele Industrieerzeugnisse werden von automatisierten Apparaten betrieben, und es wäre absurd, Roboter für die Verwendung von Produkten verantwortlich zu machen.

Wen sollte man dann dafür verantwortlich machen, wenn ein Roboter tötet? Den Konstrukteur des Roboters, des Messers, oder denjenigen, der das Roboterprogramm eingerichtet hat? Wäre es nicht auch möglich, einem Fehler in der Konstruktion, der Programmierung oder der Herstellung die moralische Verantwortung zuzuschreiben? Und wie wäre es damit, die moralische Verantwortung dem Industriezweig aufzubürden, der den Roboter hergestellt hat? Oder etwa dem gesamten industriellen Komplex, letztlich gar dem ganzen System, zu dem dieser Komplex gehört?

Mit anderen Worten: Falls Designer diese Fragen nicht erörtern, kann eine totale Verantwortungslosigkeit die Folge sein. Das ist selbstverständlich kein neues Problem. Es wurde 1945 auf schreckliche Weise sichtbar, als sich die Frage stellte, wer für die Verbrechen der Nazis gegen die Menschlichkeit verantwortlich zu machen ist. Zur Zeit der Nürnberger Prozesse wurde ein Brief aufgefunden, der von einem deutschen Industriellen an einen Nazi-Funktionär geschrieben worden war. Darin bittet der Industrielle zahm um Verzeihung für die Tatsache, daß seine Gasöfen schlecht konstruiert waren: Anstatt Tausende Menschen auf einmal zu töten, wurden nur Hunderte getötet. Die Nürnberger Prozesse und etwas später das Eichmann-Verfahren zeigten klar, daß a) es keine Normen mehr für die Anwendung auf die industrielle Produktion gibt, b) kein einzelner Urheber eines Verbrechens existiert und c) daß die Verantwortlichkeit so weit verwässert ist, daß wir uns effektiv in einer Situation völliger Verantwortungslosigkeit gegenüber jenen Handlungen befinden, die von der industriellen Produktion ausgehen.

Kürzlich illustrierte der Irak-Krieg diese Problematik sogar noch deutlicher, obgleich weniger absurd-bestialisch als im Falle der Nazis. Die Todesquote dort war wie folgt: ein alliierter Soldat auf 1 000 Iraker. Diese Quote wurde durch hervor-

30

ragendes industrielles Design erzielt. Design, das zweckmäßig, wissenschaftlich akkurat und zweifelsohne ästhetisch beeindruckend war. Ist hier irgendeine ethische beziehungsweise moralische (geschweige denn politische) Verantwortung im Spiel? Führen Sie sich das Bild eines Piloten vor Augen, der seinen Hubschrauber nach einem Luftangriff verläßt und gleich darauf mit einem Fernsehreporter spricht. Er hat noch seinen Helm auf. Während er sich dem Reporter zuwendet, drehen sich die Geschütze des Fahrzeugs in dieselbe Richtung. Sein Helm ist mit den Geschützen synchronisiert, seine Augen befehligen den Angriff. Wer ist nun für diesen postindustriellen Hubschrauber-Piloten-Komplex verantwortlich, und wer für das Verhalten, das sich aus einer derartig verflochtenen Beziehung ergibt? Ist irgendeine Instanz denkbar, die dazu in der Lage wäre, ein solches Verhalten zu beurteilen – egal, ob diese Instanz ein Richter, Priester, ein nationales beziehungsweise internationales Parlament, eine Kommission von Ingenieuren oder Spezialisten für die Analyse komplexer Systeme ist?

Sollte es uns nicht gelingen – jenseits aller Ideologien – wenigstens den Weg der Annäherung an eine Lösung der ethischen Probleme im Design zu finden, dann werden der Nazismus, der Irak-Krieg und ähnliche Ereignisse lediglich die Anfangsstadien von Zerstörung und Selbstzerstörung darstellen. Die Tatsache, daß wir uns Fragen zu stellen beginnen, gibt Anlaß zur Hoffnung.

massen in 'Design-Report' hinüberzuse
r Designer".

lem sei an einem einfachen Beispiel b
erfen. Elegant sei der Designer: das
erden (eben 'edel'). Gebraucherfreun
ohne besondere Vorkenntnisse benützb
das Messer sei so wirksam, dass es ohne
indurchschneiden möge. Diese Güte is
mlich zu gut sein: es kann nicht nur
eiden. Vielleicht ist also Goethes R
, hilfreich und gut, aber er soll nic
men, man hätte statt dem Papiermesser
esetzt werden. Kein Zweifel, die Des
Menschen: die Raketen sind elegant, u
stwerke angesehn werden. Kein Zweife
eiche Leute: obwohl die Raketen kompl
ss sogar halbwüchsige Halbanalphabete
Man kann jedoch die Meinung vertret
enschen sind, weil diese Objekte nich
ndere Raketen provozieren, welche dan
en, hilfreichen und allzu guten Desig
Ingenieure. Vielleicht haben sie Go
n Mittelschulen serviert wird). Vom
hezitat zu bemängeln. Dass die Raket

Zum Stand der Dinge

Der Krieg und der Stand der Dinge

Goethe rät bekanntlich dem Menschen, edel, hilfreich und gut zu sein, und das zeigt, wie weit wir uns von der Aufklärung entfernt haben. Man stelle sich vor, den goethischen Satz etwa vor einer Massendemonstration der Fundamentalisten in Algier zu verlesen (und sei es in arabischer Übersetzung). Man kann jedoch versuchen, die im Satz aufgezählten Eigenschaften zu aktualisieren. Statt »edel« könnte etwa »elegant« und statt »hilfreich« vielleicht »gebraucherfreundlich« gesagt werden. Die Schwierigkeit wäre allerdings, das Wort »gut« ins Jahrtausend-Ende zu überführen. Außerdem müßte man den goethischen Begriff »Mensch« ein wenig exakter formulieren. Denn seit dem Tod des Humanismus kann vom Menschen im allgemeinen keine Rede mehr sein. Der vorliegende Aufsatz stellt sich die Aufgabe, den guten, aber wahrscheinlich teuren Rat Goethes folgendermaßen in die Design-Debatte zu transponieren: »Elegant, gebraucherfreundlich und gut sei der Designer.«

Das Problem sei an einem einfachen Beispiel beleuchtet. Es geht darum, ein Papiermesser zu entwerfen. Elegant sei der Designer: Das Messer sei ungewöhnlich, ohne aufdringlich zu werden (eben »edel«). Gebraucherfreundlich sei der Designer: Das Messer sei bequem und ohne besondere Vorkenntnisse benützbar (eben »hilfreich«). Und gut sei der Designer: Das Messer sei so wirksam, daß es ohne Anstrengung durch Papier (oder andere Widerstände) hindurchschneiden möge. Diese Güte ist (wie gesagt) problematisch. Das Messer kann nämlich zu gut sein: Es kann nicht nur Papier, sondern auch den Finger des Benutzers schneiden. Vielleicht ist also Goethes Rat ein wenig umzuformulieren: Edel sei der Mensch, hilfreich und gut, aber allzu gut soll er nun auch wieder nicht sein?

Angenommen, man hätte statt des Papiermessers eine jener Raketen genommen, die im Irak-Krieg eingesetzt wurden. Kein Zweifel, die Designer dieser Objekte sind außerordentlich edle Menschen: Die Raketen sind elegant und können als die Gegenwart charakterisierende Kunstwerke angesehen werden. Kein Zweifel auch, die Designer sind außerordentlich hilfreiche Leute: Obwohl die Raketen komplexe Systeme sind, sind sie derart freundlich, daß sogar halbwüchsige Halb-Analphabeten vom Oberlauf des Euphrat sie benützen können. Man kann jedoch die Meinung vertreten, daß die Designer der Raketen viel zu gute Menschen sind, weil diese Objekte nicht nur gut töten (was sie ja sollen), sondern auch andere Raketen provozieren, welche dann die Benutzer der ersten töten.

Die edlen, hilfreichen und allzu guten Designer der Irak-Raketen sind wahrscheinlich russische Ingenieure. Vielleicht haben sie Goethe gelesen (obwohl in Rußland eher Schiller in den Mittelschulen serviert wird). Vom Standpunkt dieser edlen Menschen ist nichts am Goethezitat zu bemängeln. Daß die Raketenbenutzer getötet werden, ist für die Designer eine Herausforderung, noch besser zu werden. Nämlich Raketen zu entwerfen, die die Töter der getöteten ersten Töter töten. Das eben heißt Fortschritt: dank diesem Feedback beim Design werden die Menschen immer besser. Und dadurch auch immer hilfreicher und edler. Allerdings kann ein solcher, auf dem dialektischen Materialismus fußender Optimismus von anderen Standpunkten aus in Frage gestellt werden.

Hier und jetzt ist nicht der Moment, gegen die progressive Verbesserung des Design dank Krieg zu eifern. Also etwa dem sogenannten militärisch-industriellen Komplex vorzuwerfen, er sei die eigentliche Sprungfeder aller Eleganz, Freundlichkeit und aller Güte. Der Irak-Krieg führt wieder einmal deutlich vor Augen, wie es mit dem Design bestellt wäre, wenn es keine Kriege gäbe. Hätten unsere Ahnen damals in Ostafrika vor 100 000 Jahren nicht Pfeilspitzen entworfen, die zugleich elegant, gebraucherfreundlich und gut waren (die also eleganterweise bequem töten konnten), dann würden wir wahrscheinlich heute noch einander oder den Tieren mit Zähnen und Nägeln an den Leib rücken müssen. Mag sein, daß der Krieg nicht die einzige Quelle des guten Design ist (vielleicht ist auch das Geschlecht daran beteiligt, siehe Kleidermode). Aber ob man nun sagen möge »make love and war« oder nur »make love«, auf keinen Fall ist im Interesse des guten Design »make love not war« zu sagen.

Es gibt aber Leute, die gegen den Krieg sind. Sie lassen sich nur ungern von Raketen töten (obwohl sie, wenn danach befragt, nicht sagen können, welche Todesart sie vorziehen). Solche Leute sind bereit, im Interesse des Friedens ein schlechtes Design hinzunehmen. Es freut sie geradezu, wenn die Raketen, die Papiermesser und die Pfeilspitzen immer schlechter und daher uneleganter, unbequemer werden. Das sind gute Leute in einem ganz anderen Sinn von »gut« als jenem, der bisher gemeint war. Diese guten Leute sind zu gar nichts anderem gut als einfach zum Dasein. Es sind Anti-Designer.

Zwar: Wenn man ihnen zusieht, wie sie da auf dem gegen sie entworfenen Gehsteig lagern, hat man den Eindruck, daß sie dennoch irgend etwas entwerfen: Bijouterie zum Beispiel. Aber das können sie auf die Dauer nicht machen, weil man nicht lange »make love« durchhält (wofür der Schmuck gemeint ist), ohne ins »make war« zu verfallen. Man kann nicht zugleich »gut an und für sich« und »gut für irgend etwas« sein, und man muß sich entscheiden: entweder Heiliger oder Designer.

Es gibt vielleicht einen Ausweg aus diesem Dilemma: entweder Krieg und ein elegantes, gebraucherfreundliches Leben inmitten von guten Objekten oder aber ewiger Frieden und ein ordinäres, unbequemes Leben inmitten von schlecht funktionierenden Objekten. Anders gesagt: entweder böse und bequem oder unbequem und heilig. Vielleicht ließe sich ein Kompromiß vorschlagen: die Objekte absichtlich weniger gut entwerfen, als man es könnte. Also etwa Pfeilspitzen, die immer wieder danebenschießen, Papiermesser, die immer schneller stumpf werden, Raketen, die dazu neigen, in der Luft zu platzen. Allerdings sind dann auch Stühle in Kauf zu nehmen, die unter dem Sitzenden zusammenzubrechen drohen, und elektrische Birnen, die immer wieder Kurzschluß machen. Diesem

Kompromiß zwischen Bosheit und Heiligkeit sind bekanntlich die verschiedenartigen Abrüstungskonferenzen gewidmet (an denen aber leider die Designer selbst nur selten teilzunehmen pflegen). Dann würde Goethes Rat etwa so klingen: Edel sei der Mensch, hilfreich und mehr oder weniger gut, und daher mit der Zeit auch weniger edel und hilfreich. Aber dann wäre man noch immer nicht der Güte entkommen, und zwar aus folgenden Gründen:

Zwischen der reinen Güte (der »kategorischen«), die zu nichts gut ist, und der angewandten Güte (der »funktionellen«) kann es eigentlich überhaupt keinen Kompromiß geben, weil letzten Endes alles, wozu die angewandte Güte gut ist, kategorisch schlecht ist. Wer sich entschlossen hat, Designer zu werden, der hat sich gegen die reine Güte entschieden. Er mag dies bemänteln, wie er will (etwa ablehnen, Raketen zu entwerfen, und sich darauf beschränken, Friedenstauben zu entwerfen). Er bleibt, seinem Engagement nach, der funktionellen Güte verhaftet. Beginnt er nämlich, nach der reinen Güte seiner Tätigkeit zu forschen (etwa der Frage nachzugehen, zu welchen Zwecken letztlich sein Design der Friedenstaube gut sein kann), dann ist er gezwungen, die Friedenstaube nicht etwa schlecht, sondern überhaupt nicht zu entwerfen. Es kann keinen schlechten Designer aus lauter reiner Güte geben, weil auch die Absicht, schlechtes Design zu entwerfen, funktionell und nicht rein ist. Wenn also ein Designer behauptet, er entwerfe nur jene Objekte, die seiner Vorstellung von der reinen Güte (den ewigen Werten und so weiter) entsprechen, dann ist er im Irrtum.

Es ist eben leider so mit der Güte: Alles, das zu irgend etwas gut ist, ist ein reines Übel. Jene Heiligen haben schon recht, welche sich in die Einsamkeit zurückziehen, um sich von Wurzeln zu nähren, und die ihre Nacktheit mit Blättern verbergen. Um dies etwas theologischer zu sagen: Die reine Güte ist zwecklos, absurd, und wo immer ein Zweck ist, dort lauert der Teufel. Vom Standpunkt der reinen Güte ist nur ein gradueller Unterschied zwischen dem eleganten und gebraucherfreund-

lichen Design eines Stuhls und einer Rakete: In beiden lauert
der Teufel. Weil beide funktionell sind.

Wir sind weit von der Aufklärung entfernt und sind,
gewissermaßen durch die Hintertür, den theologischen Spekulationen des dunklen Mittelalters wieder näher gekommen.
Seit sich die Techniker bei den Nazis dafür entschuldigen mußten, daß ihre Gaskammern nicht gut genug waren, um die
Kundschaft schnell zu töten, wissen wir wieder, was Teufel
bedeutet. Wir wissen wieder, was hinter dem Begriff *Gutes
Design* alles lauert. Das hindert uns aber leider nicht daran,
elegante und bequeme Objekte haben zu wollen. Wir verlan-
gen, unserem Wissen vom Teufel zum Trotz, der Designer möge
edel, hilfreich und gut sein.

Design: Hindernis zum Abräumen
von Hindernissen

»Gegenstand« ist, was im Weg steht, dorthin geworfen wurde (lateinisch: »ob-iectum«, griechisch: »problema«). Die Welt ist insoweit gegenständlich, objektiv, problematisch, insoweit sie hindert. »Gebrauchsgegenstand« ist ein Gegenstand, den man braucht und gebraucht, um andere Gegenstände aus dem Weg zu räumen. In dieser Definition ist ein Widerspruch enthalten: ein Hindernis zum Abräumen von Hindernissen? Dieser Widerspruch ist die sogenannte »innere Dialektik der Kultur« (falls man unter »Kultur« die Gesamtheit aller Gebrauchsgegenstände verstehen will). Man kann diese Dialektik etwa so fassen: Ich stoße auf meinem Weg gegen Hindernisse (gegen die gegenständliche, objektive, problematische Welt), ich stülpe einige dieser Hindernisse um (verwandele sie in Gebrauchsgegenstände, in Kultur), um fortzuschreiten, und diese derart umgekehrten Gegenstände erweisen sich selbst als hindernd. Je weiter ich fortschreite, desto mehr bin ich von Gebrauchsgegenständen behindert (mehr von Autos und Verwaltungsapparaten als von Hagel und Tigern). Und zwar bin ich davon doppelt behindert: Erstens, weil ich sie brauche, um weiterzugehen, und zweitens, weil sie mir im Weg stehen. Anders gesagt: Je weiter ich fortschreite, desto mehr wird die Kultur gegenständlich, objektiv, problematisch.

Dies als Einleitung – gewissermaßen zum Stand der Dinge. Bei Gebrauchsgegenständen läßt sich nämlich fragen, woher und wozu sie in den Weg geworfen wurden. (Bei anderen Gegenständen ist eine solche Frage sinnlos.) Und die Antwort auf diese Frage lautet: Sie sind seitens vorangegangener Menschen in den Weg *ent*worfen worden. Es sind diese Entwürfe, die ich zum Fortschreiten brauche und die mich am Fortschreiten hindern. Um aus dieser Zwickmühle auszubrechen, mache ich selbst Entwürfe: werfe selbst Gebrauchsgegenstände in den Weg von anderen Menschen. Wie habe ich diese Entwürfe zu gestalten, damit meine Nachfolger sie zu ihrem eigenen Fortschreiten gebrauchen können und dabei davon so wenig wie möglich behindert werden? Das ist eine zugleich politische und ästhetische Frage, und sie bildet den Kern des Themas *Gestaltung*.

Die Frage läßt sich auch anders formulieren. Bei Gebrauchsgegenständen stoße ich auf Entwürfe anderer Menschen. (Bei anderen Gegenständen stoße ich auf etwas anderes, vielleicht auf das ganz Andere.) Also sind Gebrauchsgegenstände Vermittlungen (Media) zwischen mir und anderen Menschen, nicht nur Gegenstände. Sie sind nicht nur objektiv, sondern auch intersubjektiv, nicht nur problematisch, sondern auch dialogisch. Die die Gestaltung betreffende Frage läßt sich demnach auch so formulieren: Kann ich meine Entwürfe so gestalten, damit das Kommunikative, das Intersubjektive, das Dialogische daran stärker als das Gegenständliche, das Objektive, das Problematische betont wird?

Bei Gestaltung steht Verantwortung (und daher Freiheit) in Frage. Daß Freiheit in Frage steht, versteht sich. Wer Gebrauchsgegenstände entwirft (wer Kultur macht), wirft anderen Hindernisse in den Weg, und nichts kann daran etwas ändern (auch nicht seine etwaige emanzipatorische Absicht). Aber daß bei Gestaltung Verantwortung in Frage steht und daß dies überhaupt erst gestattet, bei Kultur von Freiheit zu sprechen, das will bedacht sein. Verantwortung ist der Entschluß, anderen Menschen gegenüber Antwort zu stehen. Sie ist Offenheit anderen gegenüber. Wenn ich mich beim Gestalten meines Entwurfs entschließe, dafür Antwort zu stehen, dann betone ich in dem von mir entworfenen Gebrauchsgegenstand das Intersubjektive und nicht das Objektive. Und je mehr ich beim Gestalten meines Entwurfs die Aufmerksamkeit auf den Gegenstand richte (je verantwortungsloser ich gestalte), desto mehr wird mein Gegenstand meine Nachfolger behindern, und der Spielraum der Freiheit in der Kultur wird schrumpfen. Ein

Blick auf die gegenwärtige Kultursituation belegt dies: Sie ist von Gebrauchsgegenständen gekennzeichnet, deren Entwürfe verantwortungslos, mit auf den Gegenstand gerichteter Aufmerksamkeit, gestaltet wurden. Das ist in der gegenwärtigen Lage (und mindestens seit der Renaissance) beinahe unvermeidlich. Gestalter sind mindestens seither Menschen, welche Gestalten auf Gegenstände entwerfen, um immer brauchbarere Gebrauchsgegenstände herzustellen. Die Gegenstände widerstehen diesen Entwürfen. Dieser Widerstand fesselt die Aufmerksamkeit der Gestalter. Er erlaubt den Gestaltern, immer tiefer in die gegenständliche, objektive, problematische Welt zu dringen, sie immer besser zu erkennen und zu beherrschen. Er erlaubt wissenschaftlichen und technischen Fortschritt. Dieser Fortschritt ist derart fesselnd, daß die Gestalter dabei jenen anderen Fortschritt, nämlich ihr Fortschreiten in Richtung anderer Menschen, vergessen. Der wissenschaftliche und technische Fortschritt ist derart fesselnd, daß jedes verantwortungsvolle Gestalten geradezu als Rückschritt erlebt wird. Die gegenwärtige Kulturlage ist so, wie sie ist, weil verantwortungsvolles Gestalten als rückschrittlich erlebt wird.

Die Propheten nannten diese Fesselung an die gegenständliche Welt »heidnisch«, und Gebrauchsgegenstände, welche als Gegenstände fesseln, nannten sie *Götzen*. Die gegenwärtige Kulturlage ist, aus ihrer Sicht, von Götzendienst gekennzeichnet. Es gibt jedoch Symptome, die darauf deuten, daß sich die Einstellung zum Gestalten beginnt zu wandeln. Darauf, daß die Entwürfe immer weniger »heidnisch« und immer »prophetischer« gestaltet werden. Man beginnt nämlich, den Begriff »Gegenstand« vom Begriff »Stoff« zu lösen und immaterielle Gebrauchsgegenstände wie Computerprogramme und Kommunikationsnetze zu entwerfen. Nicht etwa, daß eine derartige emportauchende »immaterielle Kultur« weniger hinderlich wäre: Sie schränkt die Freiheit vielleicht noch mehr ein als die materielle. Aber beim Gestalten derartiger immaterieller Entwürfe ist der Blick des Gestalters sozusagen spontan auf den anderen Menschen gerichtet. Er wird von der immateriellen Sache selbst zu einem verantwortungsvollen Gestalten angeleitet. Die immateriellen Gebrauchsgegenstände sind Götzen (und werden angebetet), aber es sind durchsichtige Götzen, und sie erlauben, die anderen Menschen dahinter zu ersehen. Ihre mediale, intersubjektive, dialogische Seite ist sichtbar.

Dies ist allerdings noch kein ausreichender Grund, um auf eine künftige verantwortungsvollere Kultur zu hoffen. Aber es kommt ein weiterer Punkt hinzu, der zu einigem Optimismus berechtigt. Gebrauchsgegenstände sind nämlich Hindernisse, die ich brauche, um fortschreiten zu können, und je mehr ich sie brauche, desto mehr verbrauche ich sie. Verbrauchte Gebrauchsgegenstände sind solche, bei denen der sie in den Weg werfende Entwurf ausgelöscht wurde. Sie haben die auf sie entworfene Gestalt verloren, sie sind entstaltet und werden weggeworfen. Das ist auf den zweiten Grundsatz der Thermodynamik zurückzuführen, welcher besagt, daß aller Stoff dazu neigt, seine Gestalt (seine Information) zu verlieren. Dieser Grundsatz gilt auch (wenn auch weniger eindrucksvoll) für immaterielle Gebrauchsgegenstände: Auch sie wandern dem Abfall entgegen. Wir beginnen, uns der Vergänglichkeit aller Gestalten (und daher alles Gestaltens) immer bewußter zu werden. Denn der Abfall beginnt, uns mindestens ebenso zu behindern wie die Gebrauchsgegenstände. Die Frage nach Verantwortung und Freiheit (diese dem Gestalten innewohnende Frage) stellt sich nicht nur beim Entwerfen, sondern auch beim Wegwerfen von Gebrauchsgegenständen. Mag sein, daß dieses Bewußtwerden der Vergänglichkeit alles Gestaltens (auch jenes von immateriellen Entwürfen) dazu beitragen wird, in Zukunft etwas verantwortungsvoller zu gestalten, um einer Kultur Platz zu bieten, in welcher die Gebrauchsgegenstände immer weniger Hindernisse und immer mehr zwischenmenschliche Verbindungen sein werden. Einer Kultur mit etwas mehr Freiheit.

Schirm und Zelt

Es gibt zwar eine Menge dummer Gegenstände um uns herum, aber Schirme gehören zu den dümmsten. Regenschirme zum Beispiel sind relativ komplizierte Vorrichtungen, funktionieren gerade dann nicht, wenn sie dies tun sollten (zum Beispiel im Wind), sie schützen nur dürftig, sind unbequem zu transportieren, und für die Augen unbeschirmter Nebenmenschen sind sie gemeingefährlich. Ganz abgesehen davon, daß Schirme vergessen und verwechselt werden. Zwar gibt es Schirmmoden, aber eigentlich keinen technischen Fortschritt seit den alten Ägyptern, und wenn man sagt: »Der Ewige ist mein Schirm«, so ist dies als Gotteslästerung zu deuten.

Wenn man zusieht, mit welcher Geschwindigkeit und Bequemlichkeit riesige Zirkuszelte aufgeschlagen und wieder gefaltet werden, dann könnte man meinen, es sei gar nicht so schlecht bestellt um die Schirme: Es ist nicht ihre Schuld, daß sich die Leute nicht auf sie verstehen, und sie werden es lernen, sobald sie zu zelten beginnen. Aber wenn man Fallschirme bedenkt, dann kommt man wieder zurück zur ursprünglichen Überzeugung der Dummheit von Schirmen. Da springt man aus einem fliegenden Flugzeug, und der Wind entfaltet automatisch den Schirm. Aber wenn man unten angekommen ist, dann hat man die größten Schwierigkeiten beim Falten des Schirms. Daran erkennt man, was so empörend dumm an Schirmen ist, und überhaupt an Zelten (falls der Schirm die Zelt-Essenz ist): daß die Architekten (und überhaupt die Zelt-Designer) seit dem alten Ägypten noch nicht darauf gekommen sind, daß sie es mit dem Wind zu tun haben und nicht mit der Schwerkraft. Daß die Gefahr bei Schirmen und Zelten nicht ihr Zusammenbruch ist, sondern vom Wind auf und davon gefegt zu werden. Das wird sich ändern. Man wird »immaterieller« denken lernen, sobald die Mauern eingerissen sind.

Versuchen wir also noch einmal, das Wesentliche am Zelt zu Worte kommen zu lassen: Es ist ein schirmartiger Unterschlupf, den man im Wind aufschlägt, gegen den Wind benützt, um ihn dann im Wind wieder zu falten. Wer würde bei so einer Formulierung der Zelt-Essenz nicht an Segel denken? Und tatsächlich ist ja das Segel jene Form des Zeltes, bei welcher der Wind erst richtig in den Griff kommt. Das Zelt als Schirm versucht sich gegen den Wind zu stemmen, aber das Zelt als Segel versucht, die Kraft des Windes auszubeuten. So dumm der Schirm, so klug das Segel: Ein richtig gebautes Segelschiff kann beinahe gegen jeden Wind fahren und ist nur bei Windstille ohnmächtig. Und ein Segelflugzeug kann den Wind nicht nur horizontal, sondern auch vertikal manipulieren. Also werden die künftigen Designer bei ihren Entwürfen nicht nur an Regenschirme, sondern auch an Drachen zu denken haben, so wie sie Kinder im Wind tanzen lassen. Das Aufknacken des Wesentlichen am Zelt läßt Fallschirme und Segelflugzeuge als zwei unter zahlreichen Varianten des Zeltthemas erscheinen. Weil es im Zelt eine Leinwand sieht, die sich im Wind bläht. Die Leinwand als Gegenstück zur Mauerwand, das Blähen im Wind als Gegenstück zum Brechen des Windes: Das ist nicht der schlechteste Ausgangspunkt zur Analyse der über uns hereinbrechenden kulturellen Wende. Bevor man jedoch auf das Wandproblem eingeht, muß man den Wind bedenken und kommt damit in uralte Gefilde. Nämlich dazu, daß man den Wind zwar hört (oft tost er ohrenbetäubend), daß man ihn fühlt (er kann einen umwerfen), aber daß man ihn selbst nicht sehen kann, sondern nur seine oft verheerenden Folgen. Sobald man von Mauerwänden zu Leinwänden schreitet, scheint alles immaterieller werden zu wollen.

Die Zeltwand, ob sie nun in den Erdboden gerammt ist wie beim Zirkus, über einen Stock gespannt wie beim Regenschirm, in der Luft schwebt wie beim Fallschirm und beim Drachen, auf Masten weht wie beim Segelschiff und bei der Fahne, ist eine Windwand. Die Mauerwand hingegen, sei sie wie immer geartet und mit noch so vielen Fenstern und Türen versehen, ist eine Felswand. Daher ist das Haus, wie die Felshöhle, von der es stammt, ein dunkles Geheimnis (ein »Heim«) und das Zelt, wie das Baumnest, dessen Nachkomme es ist, ein Ort des Versammelns und Auseinanderstrebens, eine Windstille. Im Haus wird besessen, es ist Besitz, und diesen Besitz definieren Mauern. Ins Zelt wird gefahren, es sammelt Erfahrung, und diese Erfahrung verzweigt und verästelt sich durch die Zeltwand. Daß die Zeltwand ein Netz ist, nämlich ein Gewebe, und daß auf diesem Netz Erfahrungen prozessiert werden, ist im Wort »Leinwand« enthalten. Es ist eine Textilie, die für Erfahrungen offen steht (sich dem Wind, dem Geist öffnet) und diese Erfahrung speichert. Seit uralter Zeit speichert die Zeltwand in Form von Teppichen Bilder, seit der Erfindung von Ölfarben aufgestellte Bilder, seit der Erfindung des Films fängt sie entworfene Bilder auf, seit der Erfindung des Fernsehens dient sie als Schirm für elektromagnetisch gewobene Bilder, und seit der Erfindung von Computerplottern erlaubt die immateriell gewordene Zeltwand das Verzweigen und Verästeln von Bildern dank Prozessierung ihres Gewebes. Die sich im Wind blähende Zeltwand sammelt die Erfahrung, prozessiert sie und sendet sie aus, und ihr ist zu verdanken, daß das Zelt ein kreatives Nest ist.

Der Hebel schlägt zurück

Maschinen sind simulierte Organe des menschlichen Körpers. Der Hebel zum Beispiel ist ein verlängerter Arm. Er potenziert die Hebefähigkeit des Arms und vernachlässigt alle übrigen Armfunktionen. Er ist »dümmer« als der Arm, dafür reicht er weiter und hebt größere Lasten.

Die Steinmesser – den Reißzähnen nachgebildet – gehören zu den ältesten Maschinen. Sie sind älter als *homo sapiens sapiens*, und sie reißen noch heute: weil sie nämlich nicht organisch, sondern aus Stein sind. Wahrscheinlich hatten die Altsteinzeitmenschen auch lebendige Maschinen: Schakale, die sie als verlängerte Beine und Reißzähne beim Jagen benützten. Schakale sind als Reißzähne weniger dumm als Steinmesser, dafür sind die Steinmesser dauerhafter. Das mag ein Grund sein, warum man bis zur industriellen Revolution sowohl »anorganische« als auch organische Maschinen benützte: sowohl Messer als auch Schakale, sowohl Hebel als auch Esel, sowohl Schaufeln als auch Sklaven. Um sowohl Dauerhaftigkeit als auch Intelligenz zur Verfügung zu haben. Aber »intelligente« Maschinen (Schakale, Esel und Sklaven) sind strukturell komplizierter als »dumme«. Das ist der Grund, warum man seit der industriellen Revolution begann, auf sie zu verzichten.

Die industrielle Maschine zeichnet sich von der vorindustriellen dadurch aus, daß ihr eine wissenschaftliche Theorie zugrunde liegt. Zwar hat auch der vorindustrielle Hebel das Hebelgesetz im Bauch, aber erst der industrielle *weiß* darum. Das drückt man gewöhnlich so aus: Vorindustrielle Maschinen sind empirisch, industrielle technisch hergestellt worden. Zur Zeit der industriellen Revolution hatte die Wissenschaft eine Reihe von Theorien, die »anorganische« Welt betreffend, zur Verfügung; vor allem Theorien der Mechanik. Aber betreffs der organischen Welt stand es um Theorien sehr dürftig. Was für Gesetze der Esel im Bauch hat, wußte nicht nur er nicht, sondern ebensowenig wußten es die Wissenschaftler. Daher ist seit der industriellen Revolution der Ochs der Lokomotive und das Pferd dem Flugzeug gewichen. Ochs und Pferd waren eben technisch nicht machbar. Was die Sklaven betrifft, so war die Sache verzwickter. Die technischen Maschinen wurden nicht nur immer wirksamer, sondern auch größer und teurer. Dadurch wandte sich das Verhältnis »Mensch/Maschine« um, und die Menschen bedienten sich nicht länger der Maschinen, sondern sie dienten ihnen. Sie wurden zu relativ intelligenten Sklaven der relativ dummen Maschinen.

Daran hat sich in unserem Jahrhundert einiges verändert. Die Theorien haben sich verfeinert, und dadurch sind die Maschinen immer wirksamer und dabei kleiner und vor allem »intelligenter« geworden. Die Sklaven werden immer redundanter und fliehen vor den Maschinen in den Dienstleistungsbereich oder werden arbeitslos. Das sind bekanntlich die Folgen der Automation und »Robotisation«, die den Prozeß der nachindustriellen Gesellschaft charakterisieren. Aber das ist nicht die Veränderung, auf die es tatsächlich ankommt. Bedeutend ist vielmehr die Tatsache, daß man beginnt, ziemlich verwendbare Theorien auch auf dem Gebiet der organischen Welt zu haben. Man beginnt zu wissen, welche Gesetze der Esel im Bauch hat. Demzufolge wird man künftig Ochsen, Pferde, Sklaven und Supersklaven technisch herstellen können. Das wird man wohl die zweite oder die »biologische« industrielle Revolution nennen.

Dabei wird sich herausstellen, daß der Versuch, »intelligente anorganische« Maschinen zu bauen, bestenfalls ein Flickwerk ist, und schlimmstenfalls ein Irrtum; ein Hebel muß kein dummer Arm sein, wenn man in ihn ein Zentralnervensystem einbaut. Die hohe Intelligenz des Ochsen kann von »biologisch« richtig gebauten Lokomotiven sogar übertroffen werden. Man kann die Dauerhaftigkeit des »Anorganischen« mit der Intelligenz des Organischen beim künftigen Maschinenbau verbinden. Bald wird es von steinernen Schakalen nur so wimmeln. Aber das ist nicht unbedingt ein paradiesischer Zustand: Die steinernen Schakale, Ochsen, Sklaven und Supersklaven wuseln nur so um uns herum, während wir versuchen, die aus ihnen quillenden Zweitindustrieprodukte zu essen und zu verdauen. So kann das nicht sein. Und zwar nicht nur, weil diese »steinernen Intelligenzen« zunehmend »intelligenter« werden und daher nicht dumm genug, um uns zu bedienen. Es kann so nicht sein, weil die Maschinen auf uns zurückschlagen, selbst wenn sie dumm sind. Wie erst werden sie schlagen, wenn sie gescheiter werden?

Der alte Hebel schlägt auf uns zurück: Wir bewegen die Arme, als seien es Hebel, seit wir Hebel haben. Wir simulieren unsere Simulanten. Seit wir Schafe züchten, verhalten wir uns wie Herden und benötigen Seelenhirten. Dieses Zurückschlagen der Maschinen wird gegenwärtig deutlich: Die Jungen tanzen wie Roboter, die Politiker treffen Entscheidungen nach computerisierten Szenarien, die Wissenschaftler denken digital und die Künstler plotten. Folglich muß bei jedem künftigen Maschinenbau dieses Zurückschlagen des Hebels auf uns mitberücksichtigt werden. Es geht nicht an, Maschinen nur mit Rücksicht auf die Ökonomie und die Ökologie zu bauen. Es muß auch bedacht sein, wie solche Maschinen auf uns zurückschlagen werden. Eine schwierige Aufgabe, wenn man in Betracht zieht, daß gegenwärtig die meisten Maschinen von »intelligenten Maschinen« gebaut werden und daß wir selbst dabei nur sozusagen vom Horizont her zuschauen, um gelegentlich einzugreifen.

Das ist ein Problem des *Design:* Wie haben Maschinen zu sein, damit ihr Rückschlag uns nicht weh tut? Oder womöglich noch besser: damit er uns guttut? Wie haben die steinernen Schakale zu sein, damit sie uns nicht zerfetzen und damit wir uns selbst nicht wie Schakale verhalten? Selbstredend: Wir können sie so entwerfen, damit sie uns lecken, statt uns zu beißen. Aber wollen wir tatsächlich geleckt sein? Das sind schwierige *Fragen,* weil ja niemand tatsächlich weiß, wie er sein will. Man muß diese Fragen jedoch erörtern, bevor man darangeht, steinerne Schakale (oder auch nur Klone von Weich-

tieren oder Chimären von Bakterien) zu entwerfen. Und diese
Fragen sind interessanter als künftige steinerne Schakale und
Supermenschen. Ist der Designer bereit, sie zu stellen?

Warum eigentlich klappern die Schreibmaschinen?

Die Erklärung ist einfach: Das Klappern ist besser mechanisierbar als das Gleiten. Maschinen sind Stotterer, auch wenn sie zu gleiten scheinen. Das erkennt man an schlecht funktionierenden Autos und Filmprojektoren. Aber diese Erklärung genügt nicht. Denn die Frage meint: Warum stottern Maschinen? Und die Antwort lautet: Weil überhaupt alles auf der Welt (und die Welt als Ganzes) stottert. Das erkennt man allerdings erst, wenn man näher hinsieht. Schon Demokrit ahnte dies zwar, aber erst Planck konnte es zeigen: alles quantelt. Daher sind die Zahlen, aber nicht die Buchstaben für die Welt angemessen. Sie ist berechenbar, aber unbeschreiblich. Darum sollten die Zahlen aus dem alphanumerischen Code ausbrechen und sich selbständig machen. Die Buchstaben verführen zu bloßem Gerede *über* die Welt und sollten als für die Welt inadäquat seitlich liegengelassen werden. Und das ist tatsächlich im Gange. Die Zahlen wandern aus dem alphanumerischen in neue Codes aus (zum Beispiel in den digitalen) und füttern Computer. Und die Buchstaben (wollen sie überleben) müssen die Zahlen simulieren. Darum klappern die Schreibmaschinen.

Dazu ist allerdings einiges zu sagen. Zum Beispiel: Daß alles auf der Welt stottert, hat sich erst herausgestellt, seit man begonnen hat, das alles zu zählen. Um es zählen zu können, hat man es in Steinchen (»calculi«) zerlegt und dann an jedes Steinchen eine Zahl geheftet. Vielleicht ist also die Tatsache, daß die Welt eine Streuung von Teilchen ist, eine Folge unseres Zählens? Gar keine Entdeckung, sondern eine Erfindung? Wir entdecken in der Welt, was wir selbst hineingefüttert haben? Die Welt ist vielleicht nur deshalb berechenbar, weil wir sie für unser Rechnen zurechtgebastelt haben. Nicht die Zahlen sind adäquat für die Welt, sondern umgekehrt: Wir selbst haben die

Welt so zurechtgemacht, damit sie für unseren Zahlencode adäquat werde. Das sind ungemütliche Gedanken.

Sie sind ungemütlich schon deshalb, weil sie zu Folgendem führen: Die Welt ist gegenwärtig eine Streuung von Teilchen, weil wir sie so für unsere Rechnungen zurechtgebastelt haben. Vorher jedoch (mindestens seit den griechischen Philosophen) hat man die Welt alphabetisch beschrieben. Also mußte sie sich damals nach den Regeln des disziplinierten Diskurses, nach den Regeln der Logik gerichtet haben und nicht nach jenen der Mathematik. Tatsächlich war ja noch Hegel der für uns jetzt wahnsinnig scheinenden Meinung, alles auf der Welt sei logisch. Wir sind gegenwärtig der umgekehrten Meinung: Alles auf der Welt ist auf absurde Zufälle zurückzuführen, welche dank Wahrscheinlichkeitsrechnung auskalkuliert werden können. Hegel dachte eben schriftlich (in »dialektischen« Diskursen), während wir rechnerisch denken (punktartige Daten prozessieren).

Die Sache wird noch ungemütlicher, wenn man bedenkt, daß Russell und Whitehead in *Principia mathematica* gezeigt haben, die Regeln der Logik seien nicht restlos auf jene der Mathematik zurückzuführen. Diese beiden Leute haben bekanntlich versucht, das logische Denken mathematisch zu manipulieren (»Propositionskalkül«), und sind dabei auf diese Irreduzibilität gestoßen. Also kann zwischen der beschriebenen Welt (zum Beispiel der Welt Hegels) und der berechneten (zum Beispiel der Welt Plancks) keine wirklich gute Brücke geschlagen werden. Seit wir das Rechnen methodisch auf die Welt anwenden (also mindestens seit der analytischen Geometrie von Descartes), hat sich die Struktur der Welt bis zur Unkenntlichkeit gewandelt. Und das hat sich langsam herumgesprochen.

Daraus kann man schließen wollen, daß es an uns selbst liegt, wie die Welt strukturiert ist. Wenn wir Lust haben, sie zu beschreiben, dann schaut sie wie ein logischer Diskurs aus, und rechnen wir lieber, dann schaut sie wie die Streuung von Teilchen. Das wäre voreilig geschlossen. Erst seit wir rechnen, haben wir Maschinen (zum Beispiel Schreibmaschinen), und ohne Maschinen können wir nicht leben, selbst wenn wir dies wollten. Wir sind also gezwungen, zu rechnen statt zu schreiben, und wenn wir trotzdem schreiben wollen, dann müssen wir klappern. Alles sieht so aus, als ob die Welt zwar für das Rechnen zurechtgebastelt werden müßte, aber nach diesem Zurechtbasteln selbst verlangte.

An dieser Stelle des Kopfzerbrechens gilt es, sich Zügel anzulegen. Man läuft sonst Gefahr, ins Bodenlose (Religiöse) zu stürzen. Um einen solchen Sturz in pythagoräische Zahlensakralisation zu vermeiden, ist es geboten, sich die Geste des Rechnens im Gegensatz zu jener des Schreibens vor Augen zu führen. Als man noch mit der Hand schrieb, zog man eine gewundene, stellenweise unterbrochene Linie von links nach rechts eine Zeile entlang (das heißt, wenn man im Westen wohnte). Es war eine lineare Geste. Wenn man rechnet, klaubt man Steinchen aus einem großen Haufen und sammelt sie zu kleinen Häufchen. Es ist eine punktuelle Geste. Zuerst kalkuliert man (klaubt), und dann computiert man (sammelt). Man analysiert, um zu synthetisieren. Das ist der radikale Unterschied zwischen dem Schreiben und dem Rechnen: Das Rechnen geht auf Synthesen aus, aber nicht das Schreiben.

Leute, die dem Schreiben verschrieben sind, wollen das leugnen. Sie sehen im Rechnen nur das Kalkulieren und sagen, dies sei kalt und gefühllos. Das ist ein geradezu böswilliges Mißverständnis. Worauf es beim Rechnen ankommt, ist, kalt Kalkuliertes zu nie vorher dagewesenem Neuen zu computieren. Diese schöpferische Glut ist für Nichtrechner unzugänglich, solange beim Rechnen nur Zahlen angewandt werden. Sie können die Schönheit und die philosophische Tiefe einiger hervorragender Gleichungen (zum Beispiel der Einsteinschen) nicht miterleben. Aber seit man dank Computern die Zahlen in Farben, Formen und Töne umcodieren kann, ist die Schönheit und Tiefe des Rechnens sinnlich wahrnehmbar geworden. Man kann seine schöpferische Gewalt mit Augen auf Computerschirmen sehen, mit Ohren bei synthetisierter Musik hören und künftig wahrscheinlich bei Hologrammen mit Händen fassen. Das Begeisternde am Rechnen ist nicht, daß es sich die Welt zurechtbastelt (das kann das Schreiben auch), sondern daß es fähig ist, aus sich selbst sinnlich wahrnehmbare Welten zu projizieren.

Es hat wenig Sinn, diese synthetischen projizierten Welten als Simulationen der eigentlichen Welt, als Fiktionen zu beschimpfen. Diese Welten sind Raffungen von Punkten, Computationen von Kalkuliertem. Aber dies gilt auch für die »eigentliche« Welt, in die wir geworfen wurden. Auch sie wird rechnerisch von unserem Nervensystem aus punktförmigen Reizen computiert und dann als wirklich wahrgenommen. Also entweder sind die projizierten Welten ebenso wirklich wie die »eigentliche« (falls sie die Punkte ebenso dicht raffen wie diese), oder die »eigentliche« wahrgenommene Welt ist ebenso fiktiv wie die projizierten. Die gegenwärtige Kulturrevolution besteht darin, daß wir fähig geworden sind, neben die uns angeblich gegebene Welt alternative Welten zu stellen. Daß wir aus Subjekten einer einzigen Welt zu Projekten vieler Welten werden. Daß wir begonnen haben, das Rechnen zu lernen.

Omar Khayyam sagt: »Ah love, could you and I with fate conspire to grasp this sorry scheme of things entire. Would we not shatter it to bits and then remould it nearer to the heart's desire?« (O Liebe, könntest du mit mir und dem Schicksal so dich verschwören, daß wir dieses ganze verächtliche Gefüge der Dinge erfassen. Würden wir es dann nicht in Bits zertrümmern, um es nach Herzenswunsch umzucomputieren?) Die Leute sehen, daß wir daran sind, das ganze verächtliche Gefüge der Dinge zu Bits zu zertrümmern. Nicht aber, daß wir es auch nach Herzenswunsch umcomputieren können. Die Leute sollten endlich das Rechnen erlernen.

warum gerade dieses Wort jene Bedeutu
ift gemeint ist.

teht in einem Kontext, der es mit Lis
n hinterlistiger, Fallen stellender V
sehr bedeutende Worte. Vor allem die
che 'mechos' meint eine Vorrichtung z
anische Pferd ist dafür ein Beispiel.
der Schule mit 'der Listenreiche' übe
m uralten 'MAGH', das wir im deutsche
ist eine Maschine eine Vorrichtung zu
der Schwerkraft, und 'Mechanik' ist d
Körper.

s im gleichen Kontext stehendes Wort
'Kunst', und es hängt mit 'tekton'='T
dass Holz (griechisch 'hyle') ein unf
iker Form verleiht, und dadurch die F
s Grundeinwand gegen Kunst und Techni
een) verraten und verzerren, wenn sie
ker sind für ihn Verräter der Ideen u
enschen zum Beschauen verzerrter Idee
nische Äquivalent des griechischen 't
h' (falls dieses Wort aus der deutsch
ars' ist 'articulum'='Künstchen', und
ndgelenk zum Beispiel). Daher meint

rscheinungen entdecken. Seit der Ren

ndes und bisher unverdautes gekommen

maischen Kreisen und Epizykeln xxxxx

ischen Zirkeln und keplerschen ellip

t das eigentlich? Hat Gott der Schoe

ersten Tag der Schoepfung verwendet

sondern die Herren Astronomen, die d

ie Formen nicht goettlich, sondern m

im Jenseits, sondern plastisch und m

gar nicht Ideen und Ideale, sondern

e daran ist nicht das Absetzen Gotte

Weltenschoepfer. Sondern das tatsaec

h die Himmel (und ueberhaupt alle Na

ssen, wie sie es ja sollten, falls w

n haben sollten. Warum folgen die Pl

izyklischen oder elliptischen Bahnen

gulären. Warum koennen wir die Naturg

beliebig formulieren? Gibt es etwa d

Formeln schluckt aber andere ausspuck

raussen etwa eine "Wirklichkeit", di

lieren laesst, aber die dennoch eine

ist unverdaulich, denn man kann nich

Welt sein und zugleich dieser Welt u

Gebilde und Gebäude

Das Unterseeboot

Wenn die Neuzeit das Zertrümmern, Zerzetteln und Aufteilen des im Mittelalter unter katholischem Vorzeichen gemeinten Denkens darstellt, dann bedeuten die Jahre, die mit der industriellen und der französischen Revolution beginnen und mit dem Unterseeboot enden, ein Wiederversammeln des menschlichen Geistes unter dem Zeichen des Solipsismus. Ich werde versuchen, vor Augen zu führen – soweit es die Dokumente und archäologischen Reste gestatten, welche aus dieser bewegten und von Kriegen verseuchten Zeit bis zu uns sich erhielten –, aus welchen Gebieten der Wissenschaft, Philosophie, der Kunst und der Religion die Einflüsse strömten, die zum Entstehen des Unterseebootes notgedrungen führen mußten. Die physikalischen Wissenschaften lösten die Materie und Energie in einen Nebel mathematischer und logischer Symbole auf, die biologischen Wissenschaften reduzierten das Leben und seine Manifestationen zu einer Inkarnation von abstrakten Prinzipien, die sozialen Wissenschaften erblickten in der Gesellschaft eine Organisation von Gesetzen, die sich zumindest in der Sprache der statistischen Mathematik ausdrücken lassen. Die Religionen sahen in Gott eine abstrakte Idee und im Teufel bestenfalls eine Allegorie, wenn nicht eine Fabel. Die Künste wurden immer abstrakter, sie stellten nicht vor und stellten nicht dar, sie organisierten ins Leere. Die Philosophie verzichtete auf das Ding an sich, und damit auf die Erkenntnis, und beschränkte sich auf formalistische Klauseln der reinen Logik, der reinen Mathematik und der reinen Grammatik oder auf Diskussionen des Daseins unter Ausschluß des Seins als solchem. Mit einem Wort: Auf allen Gebieten des Geistes ging der Sinn für die Wirklichkeit verloren, die Welt verwandelte sich in einen Traum, der sich langsam von einem Wunschtraum (am Anfang des neunzehnten Jahrhunderts) in einen Alpdruck (um die Mitte des zwanzigsten) wandelte und verzerrte. Dieses Verwandeln der Welt in ein Traumbild war aber nicht von einer Erschlaffung und Resignation der Tätigkeiten begleitet, sondern im Gegenteil: Wir kennen keine Epoche, die fieberhafter erzeugt, gekämpft, gemalt, geschrieben oder gedacht hätte. Die Menschheit glich nicht etwa einem ruhigen Träumer, sondern sie warf sich gequält im Traume auf ihrem Lager. Gegen Mitte des zwanzigsten Jahrhunderts wurde sie plötzlich aus ihrem unruhigen Schlafe geweckt, oder, um es anders auszudrücken: Ihr Traum wurde wirklich. Von diesem Erwachen will ich nur in seiner äußeren Form sprechen, von seiner Bedeutung und Wirkung auf spätere Zeiten werden wir später berichten.

In der physikalischen Forschung zu jener Zeit gelang es, die grundsätzliche Einheit von Materie und Energie auf rein mathematische Art und ohne tieferen Einblick und mystische Schau nachzuweisen, was selbstverständlich zur Folge hatte, daß unbegrenzte Mengen von Energie plötzlich zur Verfügung standen und unbegrenzte Mengen von Materie sich der Zerstörung boten. Denn daß man aus derselben Erkenntnis auch Materie aus Energie kondensieren könne, und also nicht nur zerstören, sondern auch aufbauen kann, ist typischerweise eine viel spätere Entwicklung. Diesem unbegrenzten Zerstörungsvermögen war eine einzige prekäre Grenze gesetzt, nämlich die der hohen finanziellen Kosten des Startens der Zerstörung. Dadurch blieb am Anfang verhütet, daß ein einzelner die Welt vernichte; sondern diese Möglichkeit blieb den Regierungen vorbehalten, die über die nötigen finanziellen Mittel verfügten. Mit der Zeit wurde es jedoch immer ersichtlicher, daß sich die Kosten der Weltzertrümmerung wesentlich zu mindern anschickten, daß sich also die Reihe der potentiellen Weltzertrümmerer um immer weitere Regierungen, ökonomische Mächte wie Großindustrien und Banken und schließlich um einzelne Menschen erweitern und vermehren müsse. Dieser

Entwicklung standen keine moralischen Schranken im Wege (war doch die Welt ein Traum, also ethisch neutral, man durfte sie ruhig vernichten), und es mußte einem Menschen der Mitte des zwanzigsten Jahrhunderts so erscheinen, daß die endgültige Zerstörung der dinglichen Welt nur eine Frage der Zeit sei, und zwar einer Zeit, die in Jahren zu messen ist, nicht in Jahrzehnten. In diese Zeit fällt die Gründung jenes einzigartigen Phänomens, das wir »Unterseeboot« zu nennen gewöhnt sind.

Die Korrespondenz der Wissenschaftler und Philosophen, der Künstler und Gottesgelehrten, die diese neue Arche Noah erschufen, um die Sintflut zu vermeiden, ist uns zum Teil erhalten. Um das damalige geistige Klima zu illustrieren, zitiere ich aus einem jener historischen Briefe. »Ich bin mir bewußt«, so heißt es darin, »daß meine Erziehung als Chemiker mich in keiner Weise zu einem Menschheitserretter befähigt. Ich bin mir selbst nicht im klaren über die Motive, die mich dazu führen, an unserem irrsinnigen Versuche teilzunehmen, einer unentrinnbaren Entwicklung die Stirn zu bieten. Die Menschheit scheint verdammt zu sein, an ihren Irrtümern und Verbrechen zugrunde zu gehen; und es scheint mir manchmal, als wäre unser Versuch, diesen Richtspruch zu unterbinden, in höchstem Grade sündhaft.« Ich könnte noch mit vielen weiteren Beispielen dienen, doch denke ich, hinlänglich die völlige Trennung von Logik und Ethik, von Wissen und Glauben jener Zeit bewiesen zu haben und die Verzweiflung bewiesen zu haben, die eine solche Trennung hervorruft. Das eben erscheint mir als eine der größten Taten jener siebzehn Männer und Frauen, die die menschliche Gesellschaft verließen, um sie zu retten: daß sie in sich das Wissen mit dem Glauben wieder verbanden und also zur Wirklichkeit fanden.

Die äußeren Tatsachen sind bekannt, ich will sie nur kurz ins Gedächtnis rufen: Siebzehn hervorragende Männer und Frauen der Wissenschaften, Künste und Religionen setzten sich mittels Unterschlagung von öffentlichen Geldern in die Lage, ein für damalige Verhältnisse riesenhaftes Unterseeboot zu bauen respektive in Teilen bauen zu lassen und in einer verlassenen Werft in Norwegen zu montieren. Dieses Unterseeboot machten sie unabhängig von materieller Zufuhr durch einen Atomreaktor, der es mit unbegrenzter Energiezufuhr versorgte, von biologischer Zufuhr durch ein auf Seealgen aufgebautes Laboratorium, das eine unbegrenzte Versorgung von Nahrungsmitteln gewährte, und von geistiger Zufuhr durch Radioempfänger und Televisionsempfänger, die eine ununterbrochene geistige Verbindung mit der Menschheit garantierten. In diesem Unterseeboot installierten sie Vorrichtungen, die ich am besten unter dem Sammelnamen »Waffen zur materiellen und geistigen Bedrohung und damit Beherrschung der Menschheit« bezeichne. Und um das Gefährt legten sie einen Panzer von negativer Materie, von dem sie glaubten, er sei völlig undurchdringlich. Sie verankerten dieses Fahrzeug zu ihrer größeren Sicherheit in den Tiefen des pazifischen Ozeans nahe den Philippinen, um von dort aus eine militärische und geistige Entwaffnung der Menschheit zu erzwingen. Es ist einer der tragischsten Witze der Geschichte, daß eben im Mißlingen dieses Vorhabens und im Untergang dieser Menschen ihre Rolle erfüllt ward und sie sozusagen im negativen Sinne die Retter der Menschheit wurden. Es gelang ihnen nur, wie man ja weiß, sämtliche Mächte der Welt gegen sich zu vereinen und nicht nur die militärische Rüstung, sondern auch die moralische Entrüstung der Menschheit gegen sich zu mobilisieren. Aus dieser kosmischen Mobilisation entsprang der neue Friede. Man kann, wenn man will, aus diesem Ereignis Parallelen nach Golgatha ziehen, doch habe ich mir vorgenommen, hier nur von den äußeren Tatsachen zu sprechen.

Von den Problemen, die dem Bau und der Versorgung des Unterseebootes entgegenstanden, will ich völlig schweigen. Sie wurden gelöst und sind daher für uns nicht mehr problematisch. Die Probleme jedoch, die jene Menschen auf ihrem Weg zur Beherrschung der Welt zu lösen sich vorgenommen hatten und an denen sie versagten, wie sie versagen mußten, die will ich doch erwähnen. Es handelt sich ja um ewige und wahrscheinlich nie zu lösende Probleme, und so gesehen, war das

Unterseeboot ja nur eines der unzähligen Experimente, Utopien zu realisieren. Aber die Art, wie die siebzehn die Probleme stellten und zu lösen versuchten, macht diese Menschen so aktuell und nach so vielen Jahrhunderten noch zu umstrittenen Gestalten. Auch die Tatsache, daß vorübergehend alle materielle Macht der Welt im Unterseeboot konzentriert war, und also vom machtpolitischen Stand nichts der Verwirklichung der vorgeschlagenen Lösungen im Wege stand, macht diesen ganzen Fragenkomplex so spannend.

Das materielle Beherrschen der Welt erwies sich als das einfachste der Probleme, und die Rolle der Physiker und Chemiker unter den siebzehn war, weil erfüllt, sehr bald untergeordnet. Durch ganz präzis kontrollierbare Strahlen konnte das Unterseeboot jeden beliebigen Menschen auf der ganzen Erde mit sofortigem Tode bedrohen und also jeden einzelnen ständig terrorisieren, ohne einen allgemeinen Terror unter der Menschheit zu verbreiten. Auf diese Weise machte sich das Unterseeboot jeden von ihm erwählten Menschen vollständig botmäßig und war zu tatsächlichem Töten nur im Laufe der ersten Tage genötigt, in denen es galt, die Wirksamkeit der Strahlen unter Beweis zu stellen. Von diesen Tagen an bis zur allgemeinen Revolte der Menschheit war die Herrschaft des Unterseebootes auf Erden völlig unumstritten, und die Last der Regierung der Menschheit ruhte auf den Schultern der Nationalökonomen, der Ethnologen, der Biologen, der Philosophen, der Theologen und der Künstler unter den siebzehn. Die Protokolle und Aufzeichnungen, die möglicherweise von den Sitzungen dieses allmächtigen Komitees aufgenommen wurden, sind beim Untergang des Bootes leider verlorengegangen, so daß wir nicht unterrichtet sind über die Kämpfe und Meinungsverschiedenheiten, die zweifellos im Unterseeboot vor sich gingen, und uns erscheint das Boot als ein kollektives Übergehirn, als Weltmonarch mit individuellem Denken und Wollen. Die erste Proklamation an die Menschheit, die das Unterseeboot nach der Machtübernahme erließ und die von allen Radiosendern der Erde in allen Sprachen verkündet wurde, läßt schon auf die

Stellung dieses Gehirnes schließen. Sie lautete folgendermaßen: »Im Interesse der Erhaltung der Erde als für Menschen bewohnbaren Ort haben wir die legislative und exekutive Macht der gesamten Menschheit übernommen. Bei der Ausübung dieser Macht werden wir uns von folgenden Grundsätzen leiten lassen. Erstens: Der Mensch ist ein einzigartiges Ebenbild Gottes. Zweitens: Die Tatsache, daß sich Menschen zu biologisch oder ökonomisch bedingten Gruppen zusammenfinden, muß zwar von der Administration berücksichtigt werden, darf aber die grundsätzliche Einzigartigkeit des Menschen nicht überschatten. Drittens: Die Administration hat die wirtschaftlichen, rechtlichen, biologischen und erzieherischen Grundlagen zu bauen und zu erhalten, auf denen sich der intellektuelle, moralische und künstlerische Weg jedes einzelnen Menschen zu seinem Schöpfer entfalten kann. Sie hat jedoch auf diesen Weg selbst keinen Einfluß zu nehmen.« Es folgen dann, wie bekannt, jene Verordnungen, die alle Armeen auflösen, sämtliche Kriegsschiffe und Kriegsflugzeuge der Zerstörung anheimstellen, sämtliche Atomwaffen vernichten und alle Gesetze und Vorschriften der bisherigen Regierung provisorisch in Geltung lassen.

Wie ich ausführte, zeigt dieses erste Manifest bereits die Grundeinstellung des Unterseebootes zum Problem der Weltbeherrschung und läßt das tragische Ende dieser Schreckensherrschaft schon in nuce erahnen. Gegen eine solche Vergewaltigung des menschlichen Geistes war eine Vereinigung aller Tendenzen geradezu selbstverständlich. Die Materialisten – seien sie sozialistisch, seien sie liberalistisch gerichtet – standen schon beim ersten Satz der Proklamation in heller Entrüstung. Punkt zwei machte alle Nationalisten, Blutmystiker und Rassentheoretiker zu geschworenen Feinden, aber ebenso alle Syndikalisten, christliche Arbeiterführer, mohammedanische Völkerbefreier und antikolonialistische Neger. Der erste Satz des dritten Punktes verfeindete alle Freidenker, unabhängige Philosophen und Künstler, der zweite Satz desselben Punktes machte alle Religionen zu Feinden. Mit diesem Manifest waren schon alle Grundlagen zu einer Verständigung der Menschheit im Zeichen des heiligen Krieges gegen das Unterseeboot gegeben.

Das Boot begann nun, aus seiner pazifischen Tiefe heraus, seine Ideen in Wirklichkeit umzuwandeln. Auf wirtschaftlichem Gebiet begann es, die Kolossalunternehmen – seien sie privatkapitalistisch, seien sie staatskapitalistisch – abzuschaffen und durch kompetitive kleine Kollektivunternehmen zu ersetzen. Gleichzeitig schaffte es nationale Grenzen ab und gründete etwas, das es »natürliche Wirtschaftsgemeinschaften« nannte. Durch Kreditregelungen (denn das Bankwesen wurde staatlich, das heißt dem Boot untergeordnet) versuchte es, die Wirtschaft auf weitgehende Automation in Industrie und Agrikultur zu lenken und die Arbeitszeit dadurch auf ein Minimum zu reduzieren. So gedachte das Boot, aus jedem Menschen einen Kapitalisten zu machen, einen Aktionär von Betrieben, in denen Maschinen schufteten. Es hat Jahrhunderte gedauert, bevor sich die Menschheit von diesem wirtschaftlichen Chaos erholte.

Auf dem Gebiet der Biologie versuchte das Boot, durch Eugenik die Menschheit zu veredeln. Die zahllosen Tragödien, die der Versuch, die Liebe vernünftig zu machen, in seiner Folge brachte, will ich hier nicht erwähnen; das automatische Vermischen aller Rassen zu einer Menschenrasse wurde durch diesen Versuch in keiner Weise beschleunigt, sondern, obwohl beabsichtigt, eher gehindert.

Die Psychologie im Dienste des Bootes, also die auf das Konditionieren zum Glücke abgerichtete Propaganda durch Radio, Presse und so weiter, hatte nicht den erwarteten Erfolg: Die Menschen wurden beim Hören der Radioprogramme nicht glücklich. Das mag auf die damals noch unvollständige Kenntnis der Psyche zurückzuführen sein, aber auch auf den Widerstand, den der einzelne Bürger der Bootpropaganda automatisch leistete.

Die ebenso gescheiterten Versuche auf dem Gebiet der Künste, der Wissenschaften, der Erziehung, vor allem auf dem

Gebiet der Erziehung zum Glauben, seien nur kurz erwähnt, sie gehören, da schon weit wesentlicher, künftigen Erörterungen an.

Woran ist der Versuch des Bootes, die Welt zu beherrschen, gescheitert? Er ist an der Wirklichkeit gescheitert, an jener Wirklichkeit, von der das zwanzigste Jahrhundert sich völlig entfernt hatte und an die es nicht mehr glaubte. Zu Anfang meiner Ausführungen suchte ich zu beweisen, daß der Mensch des zwanzigsten Jahrhunderts in einer Traumwelt lebte, in der der Spazierstock ein elektromagnetisches Feld oder ein Kulturprodukt oder ein Fabrikat oder ein Sexualsymbol oder ein das Dasein bezeugendes Zeug war, kurz in der er alles war: außer einem Spazierstock. Die siebzehn des Unterseebootes haben nichts anderes getan als versucht, den Traum zu Ende zu träumen. Da zerplatzte der Traum, und die Menschheit erwachte zur Wirklichkeit, sie erkannte die Gottheit im Spazierstock wieder, um es irreverent zu sagen. Und dieses Erwachen war von einer elementaren Wucht, nur mit dem Erwachen zur Wirklichkeit im dritten Jahrhundert nach Christus vergleichbar. Alles, was neuzeitlich, also aufklärerisch, abstrakt und logisch war, wurde weggefegt vom Antlitz der Erde, und das Unterseeboot war das erste Opfer dieser Katharsis.

Die Folgen dieser Revolte des Glaubens wollen wir demnächst zu analysieren versuchen. Den vorliegenden Bericht habe ich nur dem Unterseeboote gewidmet und will ihn nicht beenden, ohne noch einmal auf die tragische Größe dieser Menschen am Grund des pazifischen Ozeans hinzuweisen. Siebzehn Männer und Frauen haben sich selbst in die Tiefe verbannt, um die Menschheit vor sicherem Tode zu retten. Sie waren, und das ist selbstverständlich, noch völlig in den Vorurteilen und Vorstellungen ihrer Zeit befangen und haben, ebenso selbstverständlich, sehr viel Unheil gestiftet. Wir Kinder einer späteren, und – wie wir glauben – erleuchteteren Zeit haben es leicht, sie zu verurteilen oder sogar zu verspotten. Aber sie waren zugleich auch die Künder einer neuen Epoche. Sie bilden den ersten Versuch der Menschheit seit dem Mittelalter, Glauben und Wissen und Kunst zu verbinden. Daß dieser Versuch scheiterte, weil bei ihm das Wissen, die Wissenschaft herrschte und nicht der Glaube wie bei den gotischen Kathedralen, macht diese Menschen nicht kleiner, sondern größer. Mit dieser Bemerkung wollen wir diese ephemerische Weltherrschaft des Unterseebootes verlassen, diese mißlungene und eben darum gelungene Kathedrale des Wissens.

Die Fabrik

Der Name, den die zoologische Taxonomie unserer Art verleiht, nämlich *homo sapiens sapiens*, drückt die Meinung aus, wir seien von den uns vorangegangenen Menschenarten durch geradezu doppelte Weisheit unterschieden. Das ist angesichts dessen, was wir angestellt haben, fraglich. Hingegen ist der weniger zoologische als anthropologische Name *homo faber* weniger ideologisch. Er meint, daß wir zu jenen Arten von Anthropoiden gehören, welche irgend etwas fabrizieren. Das ist eine funktionelle Bezeichnung, denn sie gestattet, folgendes Kriterium ins Spiel zu bringen: Wenn wir irgendwo etwas Menschenähnliches finden, in dessen Nähe eine Fabrik ist, und wenn deutlich ist, daß diese Fabrik von diesem Menschenähnlichen betrieben wird, dann ist dieses Menschenähnliche *homo faber*, also eigentlicher Mensch zu nennen. Zum Beispiel gibt es Funde von Affenskeletten, und es ist deutlich, daß die in ihrer Nähe liegenden Steine seitens dieser Affen zusammengetragen wurden, daß sie fabrikgemäß montiert wurden. Solche Affen sind allen zoologischen Zweifeln zum Trotz *homines fabri*, eigentliche Menschen zu nennen. Hiermit ist »Fabrik« das charakteristische menschliche Merkmal, das, was man einst die menschliche »Würde« genannt hat. An ihren Fabriken sollt ihr sie erkennen.

Das ist auch, was die Forscher der Vorgeschichte tun und Historiker tun sollten und nicht immer einhalten: Fabriken untersuchen, um auf den Menschen zu kommen. Um herauszufinden, wie zum Beispiel die Menschen der jüngeren Steinzeit gelebt, gedacht, gefühlt, gehandelt und gelitten haben, kann man nichts Besseres tun, als Töpfereifabriken genau zu studieren. Alles, und allem voran die Wissenschaft, Politik, Kunst und Religion der damaligen Gesellschaft, ist aus der Fabrikorganisation und den Fabrikaten der Töpfereien zu erlesen. Dasselbe gilt für alle anderen Epochen. Wenn man zum Beispiel eine Schuhmacherwerkstatt des 14. Jahrhunderts in Oberitalien einer genauen Untersuchung unterwirft, dann wird man die Wurzel des Humanismus, der Reformation und der Renaissance gründlicher erfassen als beim Studium der Kunstwerke und der politischen, philosophischen und theologischen Texte. Denn die Werke und Texte sind größtenteils von Mönchen hergestellt worden, während die großen Revolutionen des 14. und 15. Jahrhunderts in den Werkstätten und den darin herrschenden Spannungen ihren Ursprung haben. Wer also nach unserer Vergangenheit fragt, der sollte vor allem in Fabrikruinen graben. Wer nach unserer Gegenwart fragt, der sollte vor allem die gegenwärtigen Fabriken kritisieren. Und wer die Frage nach unserer Zukunft aufwirft, der stellt die Frage nach der Fabrik der Zukunft.

Betrachtet man nun demgemäß die Menschheitsgeschichte als Geschichte der Fabrikation und alles andere als zusätzliche Kommentare, dann kann man grosso modo folgende Perioden darin unterscheiden: Hände, Werkzeuge, Maschinen, Apparate. Fabrizieren heißt etwas aus dem Gegebenen entwenden, es in Gemachtes umwenden, anwenden und verwenden. Diese Bewegungen des Wendens werden zuerst von Händen ausgeführt, dann von Werkzeugen, Maschinen und schließlich Apparaten. Da Menschenhände, ebenso wie Affenhände, Organe zum Wenden sind (da das Wenden eine genetisch ererbte Information ist), können Werkzeuge, Maschinen und Apparate als Simulationen von Händen angesehen werden, welche die Hände wie Prothesen verlängern und demnach die ererbte Information dank erworbener, kultureller erweitern. Demnach sind Fabriken Orte, wo Gegebenes in Gemachtes umgewendet wird und dabei immer weniger ererbte und immer mehr erworbene, gelernte Information ins Spiel kommt. Es sind jene Orte, in denen die Menschen immer weniger natürlich und immer künstlicher werden, und dies deshalb, weil das umgewendete Dinge, das Fabrikat, auf den Menschen zurückschlägt: Ein Schuster macht nicht nur Schuhe aus Leder, sondern dadurch auch aus sich selbst einen Schuster. Dasselbe anders gesagt: Fabriken sind Orte, an denen immer neue Menschenformen hergestellt werden: zuerst der Handmensch, dann der Werkzeugmensch, dann der Maschinenmensch und schließlich der Apparatmensch. Wie gesagt: Das ist die Geschichte der Menschheit.

Wir können die erste Industrierevolution, jene von Hand zu Werkzeug, nur schwer nachvollziehen, obwohl sie durch archäologische Funde gut dokumentiert ist. Eins ist dabei gesichert: Sobald ein Werkzeug, etwa ein Faustkeil, ins Spiel kommt, kann von einer neuen menschlichen Daseinsform gesprochen werden. Ein von Werkzeugen umgebener Mensch, also von Faustkeilen, Pfeilspitzen, Nadeln, Messern, kurz von Kultur, ist nicht mehr so in der Lebenswelt zu Hause wie ein handlangender Urmensch: Er ist aus der Lebenswelt entfernt, und die Kultur schützt ihn und ist sein Kerker.

Die zweite Industrierevolution, jene von Werkzeug zu Maschine, ist kaum mehr als zweihundert Jahre alt, und wir beginnen erst, sie einzusehen. Maschinen sind Werkzeuge, die nach wissenschaftlichen Theorien entworfen und hergestellt wurden, und sind daher tüchtiger, schneller und teurer geworden. Dadurch wird das Verhältnis Mensch – Werkzeug umgestülpt, und das Dasein des Menschen wird anders. Beim Werkzeug ist der Mensch die Konstante und das Werkzeug die Variable: Der Schneider sitzt in der Mitte der Werkstatt, und wenn eine Nadel zerbricht, ersetzt er sie durch eine andere. Bei der Maschine ist sie die Konstante und der Mensch die Variable: Die Maschine steht in der Mitte der Werkstatt, und wenn ein Mensch alt oder krank wird, ersetzt ihn der Maschinenbesitzer durch einen anderen. Es sieht so aus, als ob der Maschinenbesitzer, der Fabrikant, die Konstante sei und die Maschine seine Variable, aber näher betrachtet, ist auch der Fabrikant eine Variable der Maschine oder des Maschinenparks als Ganzem. Die zweite Industrierevolution hat den Menschen aus seiner Kultur verdrängt wie die erste aus der Natur, und daher ist die Maschinenfabrik als eine Art von Irrenanstalt zu betrachten.

Die dritte Industrierevolution, jene aus Maschine in Apparat, steht hier zur Frage. Sie ist noch im Gang, ihr Ausgang ist nicht abzusehen, und deshalb fragen wir: Wie wird wohl die Fabrik der Zukunft (und daher unserer Enkel) aussehen? Selbst die Frage, was das Wort »Apparat« eigentlich meint, stößt noch auf Schwierigkeiten; hier eine mögliche Antwort: Maschinen sind Werkzeuge, die nach wissenschaftlichen Theorien gebaut wurden, als die Wissenschaft vor allem Physik und Chemie war, und Apparate können daneben auch neurophysiologische und biologische Theorien und Hypothesen in Anwendung bringen. Anders gesagt: Werkzeuge sind empirische, Maschinen sind mechanische und Apparate neurophysiologische Hand- und Körpersimulationen. Es geht um immer besser täuschende Simulationen der genetischen, ererbten Information in Sache »wenden«. Denn Apparate sind die wendigsten aller bisher ausgearbeiteten Wendemethoden. Mit Sicherheit wird die Fabrik der Zukunft viel geschmeidiger sein als jene der Gegenwart, und sie wird mit Sicherheit das Verhältnis Mensch–Werkzeug auf eine völlig neue Weise umformulieren. Es ist daher damit zu rechnen, daß die wahnsinnige Entfremdung des Menschen aus der Natur und Kultur, so wie sie in der Maschinenrevolution ihren Höhepunkt erreicht, wird überwunden werden können. Die Fabrik der Zukunft wird keine Irrenanstalt mehr sein, sondern eher ein Ort, worin sich die schöpferischen Möglichkeiten des *homo faber* verwirklichen werden.

Zur Frage steht vor allem das Verhältnis Mensch – Werkzeug. Es geht um eine topologische, also – wenn man so will – architektonische Frage. Solange ohne Werkzeug fabriziert wird, also solange *homo faber* unmittelbar mit der Hand in die Natur eingreift, um Dinge daraus zu entwenden und umzuwenden, solange ist die Fabrik nicht lokalisierbar, sie hat kein »topos«. Der sogenannte »Eolithen« montierende Urmensch fabriziert überall und nirgends. Sobald Werkzeuge ins Spiel kommen, können und müssen spezifische Fabrikbezirke aus der Welt ausgeschnitten werden. Zum Beispiel Orte, an denen Silex aus Bergen gebrochen wird, und andere, an denen Silex umgewendet wird, um angewendet und verwendet zu werden. Diese Fabrikbezirke sind Zirkel, in deren Mitte der Mensch steht und in exzentrischen Kreisen die Werkzeuge liegen, die dann ihrerseits von der Natur umkreist sind. Diese Fabrikarchitektur gilt während praktisch der ganzen Menschheitsgeschichte. Sobald Maschinen erfunden sind, muß sich diese Architektur folgendermaßen ändern:

Da nun die Maschine in der Mitte zu stehen hat, weil sie im Fabrikationsprozeß dauerhafter und wertvoller als der Mensch ist, muß die menschliche der Maschinenarchitektur untergeordnet werden. Es entstehen zuerst im Westen Europas und im Osten Nordamerikas und dann überall gewaltige Maschinenkonzentrationen, welche Bündel in einem Verkehrsnetz bilden. Die Fäden des Netzes sind zwar ambivalent, können aber in zentripetale und zentrifugale geordnet werden. Den zentripetalen entlang werden Dinge der Natur und Menschen in die Maschinen gesogen, um dort gewendet und verwendet zu werden. Den zentrifugalen entlang fließen die umgewendeten Dinge und Menschen aus den Maschinen. Die Maschinen sind im Netz miteinander zu Maschinenkomplexen und diese wieder miteinander zu Industrieparks verbunden, und die menschlichen Siedlungen bilden im Netz jene Orte, von denen aus die Menschen in die Fabriken gesogen werden, um dann von dort periodisch ausgesogen, wieder zurückgespieen zu werden. In diesen Maschinensog ist die ganze Natur konzentrisch miteinbezogen. Das ist die Struktur der Fabrikarchitektur des 19. und 20. Jahrhunderts.

Diese Struktur wird sich mit den Apparaten grundsätzlich ändern. Nicht nur, weil Apparate wendiger und daher grundsätzlich kleiner und billiger sind als Maschinen, sondern weil sie im Verhältnis zum Menschen nicht mehr konstant sind. Es wird immer deutlicher, daß das Mensch – Apparatverhältnis reversibel ist und daß beide nur miteinander funktionieren können: zwar der Mensch in Funktion des Apparates, aber ebenso der Apparat in Funktion des Menschen. Daß der Apparat nur tut, was der Mensch will, aber der Mensch nur wollen kann, was der Apparat tun kann. Eine neue Methode des Fabrizierens – nämlich das Funktionieren – ist im Entstehen begriffen: Der Mensch ist Funktionär von Apparaten, die in seiner Funktion funktionieren. Dieser neue Mensch, der Funktionär, ist mit Tausenden teils unsichtbarer Fäden mit Apparaten verbunden: Wo immer er geht, steht oder liegt, trägt er die Apparate mit (oder wird von ihnen mitgetragen), und was immer er tut oder leidet, kann als eine Apparatfunktion gedeutet werden.

Auf den ersten Blick sieht es so aus, als seien wir daran, in die Vorwerkzeugphase des Fabrizierens zurückzukehren. Genau wie der Urmensch, der unmittelbar dank seiner Hand in die Natur eingriff und daher immer und überall fabrizierte, sind die künftigen, mit kleinen, winzigen oder gar unsichtbaren Apparaten versehenen Funktionäre immer und überall fabrikatorisch. Also werden nicht nur die riesigen Industriekomplexe des Maschinenzeitalters wie Dinosaurier aussterben und bestenfalls in historischen Museen ausgestellt werden, sondern auch die Werkstätten werden überflüssig werden. Jeder wird mit jedem überall und immer dank Apparaten durch reversible Kabel verbunden sein und mittels dieser Kabel sowie mittels Apparaten alles Entwendbare umwenden und verwenden.

So eine telematische, nachindustrielle, posthistorische Sicht auf die Zukunft des *homo faber* hat aber einen Haken. Es ist nämlich so, daß je komplexer die Werkzeuge werden, desto abstrakter ihre Funktionen. Der handlangende Urmensch konnte mit den konkreten ererbten Informationen in Sache Verwendung von Entwendetem auszukommen versuchen. Der Fabrikant von Faustkeilen, Töpfen und Schuhen mußte, um Werkzeuge zu verwenden, diese Information empirisch erwerben. Maschinen erforderten nicht nur empirische, sondern auch theoretische Informationserwerbung, und das erklärt die allgemeine Schulpflicht: Volksschulen zum Lernen der Maschinenbedienung, Mittelschulen zum Erlernen der Maschinenpflege und Hochschulen zum Erlernen des Bauens von neuen Maschinen. Apparate erfordern einen noch weit abstrakteren Lernprozeß und das Ausarbeiten bisher nicht allgemein zugänglicher Disziplinen. Die telematische Vernetzung von Menschen mit Apparaten und daher das Verschwinden der Fabrik (besser gesagt: das Immaterialisieren der Fabrik) setzt voraus, daß alle Menschen kompetent dafür werden. Und diese Voraussetzung ist nicht gegeben.

Das läßt erahnen, wie die Fabriken der Zukunft aussehen werden: nämlich wie Schulen. Es werden Orte zu sein haben, an denen die Menschen erlernen werden, wie Apparate funktionieren, damit diese Apparate dann das Umwenden der Natur in Kultur anstelle der Menschen durchführen können. Und zwar werden die Menschen der Zukunft in den Fabriken der Zukunft dies mit Apparaten an Apparaten und von Apparaten lernen. Wir haben daher bei der Fabrik der Zukunft eher an wissenschaftliche Laboratorien, Kunstakademien und an Bibliotheken und Diskotheken zu denken als an die gegenwärtigen Fabriken. Und den Apparatmenschen der Zukunft haben wir uns eher als einen Akademiker denn als einen Handwerker, Arbeiter oder Ingenieur vorzustellen.

Aber dies wirft ein konzeptuelles Problem auf, das den Kern dieser Überlegungen ausmacht: Nach klassischer Vorstellung ist die Fabrik das Gegenteil der Schule: »Schule« ist Ort der Beschaulichkeit, der Muße (»otium«, »scholé«), und »Fabrik« ist Ort des Verlustes der Beschaulichkeit (»negotium«, »ascholia«); »Schule« ist nobel, und »Fabrik« ist verächtlich. Noch die romantischen Söhnchen der Gründer von Industrien teilten diese klassische Meinung. Jetzt beginnt sich der grundlegende Irrtum der Platoniker und Romantiker herauszustellen. Solange nämlich Schule und Fabrik getrennt sind und einander gegenseitig verachten, solange herrscht der industrielle Irrsinn. Sobald aber Apparate die Maschinen verdrängen, wird ersichtlich, daß die Fabrik nichts anderes ist als angewendete Schule und Schule nichts anderes als Fabrikation von erworbenen Informationen. Und in diesem Augenblick erst gewinnt der Begriff *homo faber* seine volle Würde.

Das erlaubt, die Frage nach der Fabrik der Zukunft topologisch und architektonisch zu formulieren. Die Fabrik der Zukunft wird jener Ort zu sein haben, an welchem Menschen gemeinsam mit Apparaten lernen werden, was wozu und wie zu verwenden ist. Und die künftigen Fabrikarchitekten werden Schulen zu entwerfen haben. Um dies klassisch zu sagen: Akademien, Tempel der Weisheitslehre. Wie diese Tempel aussehen werden, ob materiell im Boden, ob halbmateriell schwebend, ob größtenteils immateriell, das ist dabei Nebensache. Entscheidend ist, daß die Fabrik der Zukunft jener Ort sein muß, an welchem *homo faber* zu *homo sapiens sapiens* werden wird, weil er erkannt haben wird, daß Fabrizieren dasselbe meint wie Lernen, nämlich Informationen erwerben, herstellen und weitergeben.

Das klingt mindestens ebenso utopisch wie die vernetzte telematische Gesellschaft mit automatischen Apparaten. Aber in Wirklichkeit ist es nichts als ein Projizieren bereits beobachtbarer Tendenzen. Überall sind derartige Fabrikschulen und Schulfabriken bereits im Entstehen.

Nackte Wände

Wir sprechen von nackten Wänden, so wie wir von dem nackten Körper sprechen, als einem Etwas, das bedeckt werden sollte. Es gehört Mut dazu, es zu zeigen, wie es ist: nackt. Wir sind unausweichlich Teil der christlichen Tradition. Und in dieser Tradition bedeutet Nacktheit Natur. Natur ist da, um vom Menschen, diesem »Gott-ähnlichen Geist«, verändert zu werden. Natur ist das Gegebene und muß in das vom Menschen Gemachte verwandelt werden – in Kultur. Mit anderen Worten: Nacktheit ist entropisch und muß durch die negentropische Aktivität des menschlichen Geistes bedeckt werden. Wände stehen da, nackt, dem menschlichen Gestaltungswillen zum Trotz. Gegen die Wände versichert der Mensch sich seiner als ein Wesen, das sich dem formlosen Blödsinn, den die Welt präsentiert, widersetzt.

Ja, aber sind Wände wirklich gegeben? Natürlich nicht. Sie werden vom Menschen gebaut, und das wissen wir nicht nur »historisch« (wir wissen, wer sie baute, wie und warum er sie baute), sondern auch »strukturell« (wir wissen, daß sie eine un-natürliche Struktur haben).

Dies wirft jedoch ein historisches und zugleich ein existentielles Problem auf. Das historische Problem lautet so: Für den Höhlenbewohner waren die Höhlenwände gegeben, und in Opposition zu ihnen fertigte er Wandbilder und artikulierte seinen Willen gegen die Natur (eine Artikulation der »Schönheit«). Unsere Wände sind späte und dekadente Formen der Höhlenwände. Das existentielle Problem sieht so aus: Obwohl unsere Wände von Menschen gemacht wurden (von Maurern, Architekten und denjenigen, die ihre Ideologie den Maurern und Architekten überstülpen), sind sie doch jenen, die zwischen ihnen wohnen, gegeben. Es ist ein Irrtum, wenn man sagt, Kultur wird vom Menschen gemacht und ist deshalb das Reich der menschlichen Freiheit. Für alle, die in einer Kultur leben, ist sie als Bedingung gegeben so wie die Natur. Deshalb sind Wände gegeben. Sie sind selbst jenen gegeben, die sie bauen.

Trotzdem müssen wir eine seltsame, ontologische Ambivalenz der Wände zulassen: Von innen gesehen, sind sie gegeben, von außen gesehen, sind sie vom Menschen gemacht. (Das ist ein Unterschied zwischen den Höhlenbewohnern und uns: Der Höhlenbewohner konnte seine Wände von außen nicht sehen, er hatte keine »philosophische Distanz«.) Wir können aus unseren vier Wänden heraustreten und nicht nur die Welt dort draußen sehen, sondern auch unsere eigenen vier Wände. Wir sind reflektierende und spekulierende Wesen. Daher können wir etwas tun, was der Höhlenbewohner nicht konnte: eine Philosophie der Kultur entwickeln. Und Kultur erscheint uns in Form der ständig wachsenden Sammlung von Dingen, die wir gegen die vier Wände unserer Wohnung stellen, um ihre Nacktheit zu bedecken und die Tatsache zu verbergen, daß sie gegeben sind. Manchmal bedecken diese Dinge, die Kultur ausmachen, mehr als nur die Nacktheit der Wände. Sie verdecken Risse in den Wänden und verbergen die Gefahr, daß das Gebäude einstürzen und uns unter seinen Trümmern begraben könnte.

Diese Vision von Kultur wird noch einleuchtender, wenn wir uns vorstellen, daß eine der vier Wände eingerissen und in ein glasloses Fenster verwandelt wird. Die drei verbleibenden Wände werden dann zu einer Bühne, auf der die Tragik-Komödie der Kultur weiterspielt – eine wahrhaft historische Vision von Kultur: der Mensch als Schauspieler auf einer Bühne. Das wahrhaft Historische dieser Vision ist ihr repräsentativer (symbolischer) Charakter und die Tatsache, daß es sich um einen zeitlich begrenzten Prozeß handelt. Kultur erscheint so als »Fiktion« (im Sinne von *fingere*, formen, gestalten). Die drei verbleibenden Wände bergen das Pathos, mit dem der Mensch der Natur seinen Willen aufzuzwingen sucht, und sie bergen auch aufgrund universeller Trägheit die Möglichkeiten seiner letzten Niederlage – denn auch die verbleibenden drei Wände werden am »Ende« zusammenfallen.

Trotzdem, und obwohl wir all dies wissen, wird der Mensch fortfahren, den Platz zwischen den Wänden mit Dingen zu füllen, die von seiner Gestaltungskraft zeugen. Er wird es tun, einfach weil die Wände da sind und nicht nackt bleiben dürfen. Und wenn es Augenblicke in der Geschichte gibt, die die Nacktheit zeigen wollen (Zeiten eines verdrehten Puritanismus, der auf die Schönheit der Nacktheit und auf die funktionale Bestimmung der Wände besteht), dann sind diese Augenblicke der dialektische Teil jenes Prozesses, in dem der Mensch seine Wände bedeckt. Dieser Prozeß zielt nicht auf die Beseitigung der Wände (das ist unmöglich), aber da Zwischen-Wänden-Leben Teil der menschlichen Bedingung ist, sucht er das Beste daraus zu machen. Jedes kulturelle Engagement wird so zu einem »heroischen Engagement« im wahren Sinne des Wortes, und Kunst wird zu einer Tragödie und Agonie im Sinne des griechischen Theaters.

Kurzum, von einem ästhetischen Standpunkt aus betrachtet, sind Wände die Grenzen einer Bühne, auf der die Tragödie des menschlichen Strebens nach Schönheit spielt.

Durchlöchert wie ein Emmentaler

Häuser bestehen aus einem Dach, aus Mauern mit Fenstern und Türen und aus nicht ganz ebenso wichtigen anderen Teilen. Das Dach ist das Entscheidende: »unbehaust« und »obdachlos« sind Synonyme. Dächer sind Werkzeuge für Untertanen: Man kann sich unter ihnen vor dem Herrn (sei er ein Gott oder die Natur) ducken und verstecken. Das deutsche »Dach« kommt aus dem gleichen Wortstamm wie das griechische »techne«: Dachdecker sind demnach Künstler. Sie ziehen die Grenze zwischen dem Hoheitsbereich der Gesetze und dem Privatraum des untertänigen Subjektes. Unter Dach gelten die Gesetze nur mit Reserven. Schon Baumkronen dienten den Hominiden als Dach ihrer Nester. Wir glauben nicht, daß wir selbst die Gesetze projizieren. Wir brauchen keine Dächer.

Mauern sind Verteidigungsanlagen gegen außen, nicht gegen oben. Das Wort kommt von *munire:* sich schützen. Es sind Munitionen. Sie haben zwei Wände: Die Außenwand wendet sich gegen gefährliche (draußen fahrende) Ausländer, potentielle Immigranten, die Innenwand wendet sich an die Häftlinge des Hauses, um für ihre Sicherheit zu haften. Bei obdachlosen Mauern (etwa in Berlin oder China) wird diese Funktion deutlich: Die Außenwand ist politisch, die Innenwand heimlich, und die Mauer hat das Geheimnis vor dem Unheimlichen zu schützen. Wem Heimlichtuerei zuwider ist, der mußte Mauern niederreißen.

Aber selbst Geheimniskrämer und Patrioten müssen Löcher in Mauern reißen. Fenster und Türen. Um schauen und ausgehen zu können. Bevor das Wort *Schau* zum Synonym von »Show« wurde (das ja eigentlich »zeigen« bedeutet), meinte es jenen inneren Blick nach außen, wofür das Fenster das Instrument ist. Man sah von innen, ohne dabei naß zu werden. Die Griechen nannten das *theoria:* gefahrloses und erfahrungsloses Erkennen. Jetzt allerdings wird es möglich, Instrumente aus dem Fenster nach außen zu stecken, um auf gefahrlose Art und Weise Erfahrung zu gewinnen. Die erkenntnistheoretische Frage lautet: Sind Experimente impertinent, weil sie vom Fenster aus (von der Theorie her) durchgeführt werden? Oder muß man durch die Tür, um zu erfahren?

Türen sind Mauerlöcher zum Ein- und Ausgehen. Man geht aus, um die Welt zu erfahren, und verliert sich dort drinnen, und man kehrt heim, um sich wiederzufinden, und verliert dabei die Welt, die man erobern wollte. Dieses Türpendeln nennt Hegel das »unglückliche Bewußtsein«. Außerdem kann geschehen, daß man bei der Heimkehr die Tür geschlossen findet. Zwar hat man einen Schlüsselbund in der Tasche (man kann den Geheimcode entschlüsseln), aber der Geheimcode kann sich in der Zwischenzeit umcodiert haben. Heimtücke ist für Heim und Heimat charakteristisch. Dann bleibt man obdachlos im Regen unter der Traufe. Türen sind weder glückliche noch verläßliche Instrumente.

Außerdem ist gegen Fenster und Türen noch das Folgende einzuwenden: Man kann von außen in die Fenster hineinschauen und -klettern, und die Öffentlichkeit kann durch die Tür ins Privathaus brechen. Man kann allerdings die Fenster dank Gardinen vor Spionen und Dieben, und die Tür dank Fallbrücken vor der Polizei schützen, aber dann lebt man unter vier Wänden in der Angst und Enge. Derartige Architekturen haben keine blühende Zukunft.

Dach, Mauer, Fenster und Tür sind in der Gegenwart nicht mehr operationell, und das erklärt, warum wir beginnen, uns unbehaust zu fühlen. Da wir nicht mehr gut zu Zelten und Höhlen zurückkehren können (wenn einige dies auch versuchen), müssen wir wohl oder übel neuartige Häuser entwerfen.

Tatsächlich haben wir damit bereits begonnen. Das heile Haus mit Dach, Mauer, Fenster und Tür gibt es nur noch in Märchenbüchern. Materielle und immaterielle Kabel haben es wie einen Emmentaler durchlöchert: auf dem Dach die Antenne, durch die Mauer der Telephondraht, statt Fenster das Fernsehen und statt Tür die Garage mit dem Auto. Das heile

Haus wurde zur Ruine, durch deren Risse der Wind der Kommunikation bläst. Das ist ein schäbiges Flickwerk. Eine neue Architektur, ein neues Design ist vonnöten.

Designer und Architekten haben nicht mehr geographisch, sondern topologisch zu denken. Das Haus nicht mehr als künstliche Höhle, sondern als Krümmung des Feldes der zwischenmenschlichen Relationen. So ein Umdenken ist nicht einfach. Schon das geographische Umdenken aus ebener Fläche in Kugeloberfläche war eine Leistung. Aber das topologische Denken wird dank synthetischer Bilder von Gleichungen erleichtert. Dort sieht man etwa die Erde nicht mehr als geographischen Ort im Sonnensystem, sondern als Krümmung im Gravitationsfeld der Sonne. So hat das neue Haus auszusehen: wie eine Krümmung im zwischenmenschlichen Feld, wohin Beziehungen »angezogen« werden. So ein attraktives Haus hätte diese Beziehungen einzusammeln, sie zu Informationen zu prozessieren, diese zu lagern und weiterzugeben. Ein schöpferisches Haus als Knoten des zwischenmenschlichen Netzes.

Ein solcher Hausbau aus Verkabelungen ist voller Gefahren. Die Kabel können nämlich statt zu Netzen zu Bündeln geschaltet werden, »faschistisch« statt »dialogisch«. Wie Fernsehen, nicht wie Telephone. In so einem entsetzlichen Fall wären die Häuser Stützen für einen unvorstellbaren Totalitarismus. Die Architekten und Designer haben für eine Vernetzung von reversiblen Kabeln zu sorgen. Das ist eine technische Aufgabe, und die Gestalter sind ihr gewachsen.

Allerdings wäre so ein Häuserbau eine technische Revolution, die weit über die Kompetenz der Architektur und des Design reichen würde. (Das ist übrigens der Fall bei allen technischen Revolutionen.) Eine derart dach- und mauerlose Architektur, die weltweit offenstünde (also nur aus reversiblen Fenstern und Türen bestünde), würde das Dasein verändern. Die Leute können sich nirgends mehr ducken, sie hätten weder Boden noch Rückhalt. Es bliebe ihnen nichts übrig, als einander die Hände zu reichen. Sie wären keine Subjekte mehr, es gäbe über ihnen keinen Herrn mehr, vor dem sich zu verstecken, aber auch in dem sich zu bergen wäre. (Schiller irrt, wenn er meint, daß über Millionen von Brüdern ein guter Vater *wohnen* müsse.) Und es gäbe keine Natur mehr, die sie bedroht und die sie beherrschen wollen. Dafür aber würden diese einander offenen Häuser einen bislang unvorstellbaren Reichtum an Projekten erzeugen: Es wären netzartig geschaltete Projektoren für allen Menschen gemeinsame alternative Welten.

So ein Häuserbau wäre ein gefährliches Abenteuer. Weniger gefährlich jedoch als das Verharren in den gegenwärtigen Häuserruinen. Das Erdbeben, dessen Zeugen wir sind, zwingt uns, das Abenteuer zu wagen. Sollte es gelingen (und das ist nicht ausgeschlossen), dann würden wir wieder wohnen können, Geräusche in Informationen prozessieren können, etwas erfahren können. Sollten wir das Abenteuer nicht wagen, dann sind wir für alle ersichtliche Zukunft verurteilt, zwischen vier durchlöcherten Wänden unter einem durchlöcherten Dach vor Fernsehschirmen zu hocken oder im Auto erfahrungslos durch die Gegend zu irren.

Wittgensteins Architektur

Man kann das Universum der Texte wie eine Landschaft betrachten. Man wird darin Berge und Täler, Flüsse und Seen, Burgen, Bauerngehöfte und Elendsviertel von Großstädten erkennen. Am Horizont der derart ersehenen Szene werden vereiste Bergriesen wie die Bibel oder Homer erscheinen. Der große ruhige See der aristotelischen Texte, worin Fischer gemächlich ihre Netze auswerfen und Philologen rudern, wird einen Teil des Talbeckens füllen. Der reißende Wasserfall Nietzsche wird dort vom breiten Strom des modernen Pragmatismus aufgefangen. Die alles überragende gotische Kathedrale der Summen des Heiligen Thomas wird auf dem Domplatz jener Stadt ragen, worin sich die Dächer und Giebel der barocken Spekulationen drängen. In den Vorstädten dieser Stadt wird man die romantischen, realistischen und sezessionistischen Wohnhäuser und Fabriken der neueren Literatur erblicken, und etwas abseits von alldem wird ein kleines, scheinbar unbedeutendes, einem Gerüst mehr als einem fertigen Gebäude ähnelndes Häuschen stehen: Wittgensteins Gehäuse.

Das Häuschen heißt *Tractatus*. Das ist ein vertrakter Name. Denn betritt man das Haus, dann bemerkt man gleich, daß hier nicht traktiert wird. Ganz im Gegenteil: Hier wird gespiegelt. Das Haus steht auf sechs Grundpfeilern, die einander, dank hierarchisch geordneter Querbalken, stützen. In der Mitte jedoch ragt ein siebenter Pfeiler, der die Funktion hat, das Gebäude zu durchbrechen und ihm den Boden zu entziehen. So steht das Haus, in allen Ecken, Winkeln und Fugen geschützt, gepanzert und unangreifbar. Und dennoch und gerade deshalb dem Zusammenbruch und dem spurlosen Verschwinden anheimgestellt – von vornherein und vom Ausgang her verurteilt.

Das Gebäude ist hingesetzt: Es besteht aus Sätzen. Jeder Satz setzt alle vorangegangenen voraus und ist selbst Voraussetzung aller folgenden Sätze. Satz für Satz schreitet der Eintretende in den vorgegebenen Räumen, und sein Fuß stützt sich auf Konsistenzen. Und plötzlich, mit einem Satz, einem einzigen Satz, verliert er den Boden unter den Füßen. Er stürzt ins Bodenlose.

Das Haus Wittgensteins steht in einem Vorort jener Stadt, auf deren Domplatz die Türme der Kathedrale des Heiligen Thomas ragen. Die kleinen bescheidenen Pfeiler des Wittgensteinhauses stützen einander auf die gleiche logico-philosophische Methode, auf welche auch die Pfeiler der Kathedrale einander stützen. Aber es scheint ein gewaltiger Unterschied zwischen der Kathedrale und dem Häuschen zu klaffen: Die Kathedrale ist ein Schiff, das in den Himmel führt, und das Häuschen eine Falle in den bodenlosen Abgrund. Aber Vorsicht: Ist etwa der Heilige Thomas nicht jener Große Ochs, der nur Stroh drischt? Ist vielleicht der Himmel über der Kathedrale das gleiche schwarze Loch wie der Abgrund unter dem Häuschen? Ist vielleicht das kleine Häuschen Wittgensteins die Kathedrale der Gegenwart? Und sind vielleicht die sich gleichzeitig spiegelnden Spiegel unsere Kirchenfenster?

Die hier geschilderte Landschaft ist selbstredend metaphorisch. Kann man sie nach Wien übertragen? Und kann, wer in das dortige unscheinbare Wittgensteinhäuschen tritt, den Hauch des Unsäglichen vernehmen? Wovon man nicht sprechen kann, darüber muß man schweigen.

Brasilia

Die Autobahn aus São Paulo führt, nach Durchquerung des Bundesstaates São Paulo, über die zwei Ströme, die den Paraná und schließlich den Rio de la Plata bilden werden. Zwischen ihnen liegt das Steppendreieck des Triangulo mineiro. Dann steigt sie ein wenig zur brasilianischen Hochebene, dem endloschen Chapadão, dem Planalto. Man hat ihn oft in der brasilianischen Literatur beschrieben. Er bildet zum Beispiel den Schauplatz für Guimarães Rosas riesiges Werk *Grande Sertão: Veredas*. Diese Landschaft bleibt letztlich unbeschreiblich, aber sie bildet auch eine Herausforderung zur Beschreibung. Der heroische Versuch, auf dieses leere Blatt des Chapadão ein Zeichen zu setzen, ist die Stadt Brasilia.

Brasilia, die Metropole eines ehemaligen Kaiserreichs, die Bundeshauptstadt vielleicht des zukünftigen Weltreichs, auf jeden Fall aber eines gewaltigen Staates, keines armen, unterentwickelten Landes. Übermenschlich menschenverachtend ist diese Stadt, ganz wie der Chapadão, als dessen Kontrapunkt sie gedacht ist. Wie im Chapadão ist auch in Brasilia diese Unmenschlichkeit begeisternd, und entsetzlich zugleich. Vergleiche mit Ägypten, Babylon und dem alten Mexiko drängen sich auf, wie man ja immer versucht ist, das Neue im Alten zu verankern. Aber solche sich aufdrängenden Vergleiche bringen das Neue gerade noch mehr ins Blickfeld. Zum Beispiel der Brennpunkt Brasilias, der *Platz der drei Gewalten*. Er ist oft als »pharaonisch« bezeichnet worden. Aber die Pyramiden sind Symbole für die Transzendenz des Todes, vor solcher Majestät muß der Mensch zu einer Art Wurm werden. Jedoch ist der *Platz der drei Gewalten* auch ein gigantisches Symbol für jene staatsrechtliche Gliederung des 18. Jahrhunderts, die in Brasilien immer fremd erschien und nie richtig funktioniert hat. Vor solcher Fragwürdigkeit freilich fühlt man sich weniger als Wurm denn als Teil einer gigantischen Maschinerie. Daß die berühmten Halbkugeln des Parlaments augenblicklich leer stehen, wirkt wie eine Demonstration der Sinnlosigkeit eines solchen Daseins. Eine Diskrepanz zwischen Symbol und Bedeutung wird deutlich, wie es sie im alten Ägypten nicht gab. Die Bedeutung der Pyramiden wird noch außer Frage stehen, wenn sie einmal völlig verfallen. Aber die Bedeutung der »drei Gewalten« ist schon fraglich, während Brasilia noch im Bau ist.

Inmitten riesiger Wohnblocks mit Hunderten von winzigen Behausungen, die ihre Prachtfronten dem Nichts, ihre Küchen und Aborte aber den Innenhöfen bieten, in dem sich das Leben abspielt, leben die Menschen, deren Adressen aus Ziffern und Buchstaben bestehen, die dem Eingeweihten verraten, in welchem Ministerium der Bewohner arbeitet, welchen Posten er bekleidet, wieviel Kinder er hat, und wann er nach Brasilia zog, um dieses »Paradies« vielleicht für die Copacabana einzutauschen. Allerdings ändert die Präfektur aus unersichtlichen Gründen periodisch die Bezifferung der Adressen, so daß es bei der Gleichheit der Örtlichkeiten zum aussichtslosen Unterfangen wird, beispielsweise einen Freund aufzufinden. Fast das einzige Abenteuer freilich, das Brasilia bietet. Denn hier waltet über allem als Vorsehung die *Novacap*, die planende Präfektur der neuen Hauptstadt, jene große Mutter *Novacap*, der als wohlerzogene Kinder eine Heerschar von Funktionären beigegeben ist.

Allerdings im Hintergrund dieses Futurismus und offiziell nicht anerkannt, verbirgt sich die *Freie Stadt* (Cidade Livre): ein Wildwest mit Händlern und Trödlern, Bordellen und Tanzlokalen, Holzhütten und Erdstraßen, Elend und Krankheit und Tanz und Gesang, mit Kirchen und Negerzauber. Dort wohnen die Arbeiter, die Brasilia bauen, und dorthin flüchten die Funktionäre. Es ist eine Menschenstadt, und es ist kein weiteres Wort über sie zu verlieren. Man kennt das. Und gehört nun alles zu jener leeren Mondlandschaft, die Guimarães Rosa als *Nonada* (im Nichts) zu beschreiben begonnen hat.

Jedes Menschenwerk ist Kunstwerk. Auch Brasilia, das allerdings vielleicht größte der letzten Jahrzehnte. Und zwar ist jedes Menschenwerk Kunstwerk, weil eine Analyse des Werks immer eine Konzeption zutage bringt, die es gliedert. Aber in Brasilia werden selbst bei einer noch so oberflächlichen Analyse gleich zwei Entwürfe sichtbar, die einander teilweise widersprechen.

Der erste Entwurf ist geopolitisch, er arbeitet nach dem Schema: Man finde die geometrische Mitte des Landes. Man mache sie zum geopolitischen Zentrum. Und man verachte dabei alle wirtschaftlichen, sozialen, ethnologischen und politischen Nebenumstände. Eine planetarische Kühnheit, die den Atem verschlägt. Es dürfte schwer sein, in der Geschichte der Menschheit einen Vergleich zu finden.

Dieser Entwurf hat im einzelnen folgende Aspekte: Die brasilianische Bevölkerung ist von den Küsten loszureißen und ins Innere zu schaffen: Sie ist im Zentrum anzusiedeln und soll sich von dort aus über das Land ausbreiten. Sodann: Der große soziale, wirtschaftliche und ethnische Unterschied zwischen dem Nordosten und Südosten des Landes ist zu überbrücken. Zu diesem Zweck sind das Bewußtsein der hungernden Massen des Nordostens und der wohlhabenden Bürger des Südostens im Zentrum zu verschmelzen, um dort synthetisch eine neue brasilianische Mentalität zu erzwingen. Schließlich: Das alles soll kraft eines nationalen Entschlusses geschehen, als Ausdruck einer nationalen Sendung. Und die natürliche Entwicklung des Landes soll darunter nicht leiden, sondern gerade einen neuen Impuls erfahren. – Nach diesem Entwurf ist also Brasilia als ein auf der Landkarte im geographischen Zentrum gezeichnetes Straßenkreuz zu denken. Es soll dort wie das Herz eines erwachenden Riesen schlagen, um Verkehrsschlagadern durch den ganzen Körper des Riesen zu legen, so daß sich neue Bevölkerungszentren bilden. Tatsächlich hat Brasilia in etwa sechs Jahren schon etwa eine halbe Million Menschen, zum Großteil aus dem Nordosten, an sich gezogen.

Und tatsächlich sind die Auto- und Eisenbahnen nach dem Südosten verwirklicht, ist die Straße nach dem Norden (nach Belém) im Gang und die Straße nach dem Nordwesten (nach Manaos) im ersten Entstehen. Aber wieweit diese Teilerfolge tatsächlich den ursprünglichen Entwurf verwirklichen können, steht vorläufig noch völlig in Frage. Denn dieses Konzept wird prinzipiell durch den zweiten Entwurf in Frage gestellt, auf dem Brasilia gründet.

Dieser zweite Entwurf ist ein anthropologischer, er folgt dem Schema: Gegeben ist eine Gelegenheit, mit sozial entwurzelten Menschenmassen eine neue Gesellschaft zu formen. Gefordert ist dabei eine Gesellschaftsform, in der die Krise des Menschen angesichts der Technologie gelöst sein soll. Man baue also eine Stadt als Modell für eine Welt, in der die Menschen endlich ein sinnvolles und schöpferisches Leben ohne materielle Nöte führen können. Wahrscheinlich ist dieser Entwurf in seiner utopischen Vorwegnahme kommender Jahrhunderte noch großartiger als der erste.

Dieser zweite Entwurf zeigt im einzelnen die folgenden Aspekte: Es ist eine revolutionäre Architektur zu entwickeln, eine Stadt ohne Straßenkreuzung, eine Stadt mit Zentren für alle Lebensfunktionen, eine Stadt also, die, obwohl selbst eine Art perfekter Maschine, zugleich das bloß instrumentale Denken überwindet, indem der Mensch hier seine volle Freiheit gerade erst erhalten soll. Ferner hat diese neue Architektur symbolisch über sich selbst hinauszuweisen. Der flugzeugartige Stadtplan etwa ist ein Symbol für den Start in die Zukunft: Die beiden Halbkugeln des Parlaments symbolisieren die Unabhängigkeit der beiden Kammern, die sich zugleich zu einem abgerundeten Ganzen zusammenfügen. Das Präsidentenpalais schließlich, der *Palácio da Alvorada* (Palast des Sonnenaufgangs) ist ein Symbol des Morgens. Tatsächlich wird, wenn die riesige Sonne hinter dem Glaspalast aufgeht und ihn gleichsam in Feuer setzt, diese Bedeutung zur sichtbaren Gestalt. Schließlich sollen nach diesem Konzept die Menschen in kleine organische Gemeinschaften eingeordnet werden, wobei eine Art »dynamischer Hierarchie« beabsichtigt ist. Gruppen mit unterschiedlichem Niveau, aber voller Persönlichkeitsentfaltung für den einzelnen.

Daß die beiden Konzeptionen einander widersprechen, ist offensichtlich: Ziel des ersten ist »das Große Brasilien«, des zweiten »der Neue Mensch«, das Große Brasilien aber ist ein Ideal des alten Menschen. Brasilia spiegelt diesen Widerspruch.

Vielleicht deswegen aber ist das Erlebnis Brasilia so unvergleichbar in der Wirkung. Es zeigt nicht nur die schöpferische Gewalt des menschlichen Willens, die Großartigkeit der menschlichen Phantasie, sondern offenbart mehr vielleicht noch als Flüge zum Mond zugleich die prinzipiellen Grenzen des Menschen. Grenzen, die heute kaum mehr im Bereich der Außenwelt liegen, sondern durch die Widersprüche unseres Innern bedingt sind. In Brasilia werden sie sichtbar.

Stadtpläne

Ein Entwurf gleicht einem Netz, das der Verstand über die Umstände auswirft, um sie zu verändern. In diesem Bild stellen die Fäden des Netzes die Regeln dar, nach denen die Umstände verändert werden sollen: In den Knoten kristallisiert sich der zu verwirklichende Entwurf. Der Entwurf gibt vor, was sein soll; er ist imperativ. Die Umstände sind das, was ist; sie sind indikativ. In der Verwirklichung eines Projektes verschmelzen Imperativ und Indikativ, Sein-Sollendes und Sein, Wert und Wirklichkeit. Durch die Umsetzung von Entwürfen werden Werte Wirklichkeit und erfährt die Wirklichkeit ihre Bewertung. Durch den Entwurf injiziert der Verstand gleichsam Wertvorstellungen in die ihn umgebende Wirklichkeit.

Die Analyse aller menschlichen Werke legt einen zugrundeliegenden Entwurf frei, denn es ist allein der Entwurf, der ihnen Struktur verleiht. In der Tat: Die Analyse eines Werkes zielt in erster Linie darauf ab, diesen Plan zu entdecken, und in zweiter Linie, den Entwurf mit dem Werk zu vergleichen, um den Grad der erreichten Verwirklichung zu ermitteln.

Bisweilen kann es jedoch sein, daß durch die Analyse eines Werkes mehrere zugrundeliegende, sich überlagernde Pläne zutage treten. Zwei oder gar mehrere Netze wurden über ein und denselben Umstand geworfen, um ihm Wert zu verleihen. Wo dies der Fall ist, werden die Kriterien, an denen die Beurteilung des Werkes ausgerichtet werden soll, unklar. Noch zweifelhafter wird es, wenn die zugrundeliegenden Wertvorstellungen der überlagernden Entwürfe sich teilweise widersprechen und das Werk ein Ergebnis rivalisierender Projekte ist. Ein Beispiel dieser Ratlosigkeit des Kritikers vor einem Werk ist Brasilia.

Ich stellte fest, daß jede, auch noch so oberflächliche Analyse Brasilias zumindest zwei Entwürfe aufdeckt. Ich werde mich nun auf diese beiden Projekte beschränken. Danach möchte ich das Werk in seinem gegenwärtigen Zustand beschreiben, um schließlich die Ratlosigkeit des Kritikers zu bedenken.

Den ersten Entwurf bezeichnete ich als »geopolitischen«. Denn er beinhaltet folgendes: Die Errichtung einer Stadt im geographischen Zentrum Brasiliens, als Bindeglied zwischen Nord und Süd, als Brückenkopf zur Eroberung des Westens, als Verwaltungszentrum sowie als Katalysator der sich ihrer Individualität bewußt werdenden Nation. Dieses Projekt zielt ab auf Systole und Diastole eines neuen Herzens, das im Zentrum Brasiliens schlagen sollte. Die Systole würde sowohl die bislang brachliegenden menschlichen Ressourcen aus dem Nordosten anziehen, um sie ökonomisch und kulturell zu integrieren, als auch die Pioniere aus dem Süden, um das gigantische Hinterland zu besetzen. Im Prozeß der Diastole würden Arterien in alle Richtungen geworfen, damit sich das Land in einer effizienten organischen Einheit artikuliert. Es geht also nicht nur darum, eine Stadt zu errichten, sondern um ein Projekt, das darauf abzielt, einem Land von der Größe eines Kontinents Wert zu verleihen.

Das zweite Projekt, das ich nunmehr »sozialanthropologisch« nennen möchte, besteht in folgendem: der Errichtung einer Stadt in einem isolierten und jungfräulichen Gebiet, die zukünftigen Städten als Modell dienen soll, die eine gerechte und schöne Umwelt für die Gemeinschaft schaffen, eine neue Form des Zusammenlebens strukturieren und die Entwicklung des »neuen Menschen« befördern soll. Dieser Plan zielt auf eine Art revolutionärer Landschaftsmalerei, eine gewagte Architektur, eine unerhörte Organisation kommerzieller, administrativer, kultureller und der Erholung dienender Zentren; auf eine avantgardistische Wohnkultur und eine einzigartige Vorstellung von der ökonomischen, sozialen und kulturellen Schichtung der Bevölkerung. Das Ziel dieses Projektes ist der Mensch der Zukunft, der mit Hilfe der modernsten Technik ein ganzheitliches, erfülltes und produktives Leben führt.

Beide Entwürfe sind heroisch und packend. Der erste besticht durch seine grandiose Vision eines mächtigen Landes, der zweite durch die Vision der platonischen Politeia, eines irdischen Jerusalem als Lösung aller Menschheitsprobleme des ausgehenden zwanzigsten Jahrhunderts. Beide Pläne sind zweifelhaft. Unzweifelhaft jedoch ist ihr Heroismus. Und doch stehen sie teilweise im Widerspruch zueinander. Denn das erste Projekt ist eindeutig traditionell und in seinen Werten diesem und dem vergangen Jahrhundert verpflichtet. Das zweite Projekt ist eindeutig visionärer Natur, und seine Werte sind – oder behaupten dies zumindest – neu. Die Überlagerung beider Projekte führte zum vorliegenden widersprüchlichen und gigantischen Werk.

Auf der nicht enden wollenden, grauen und trockenen, monotonen und unwirtlichen Hochebene mit ihren verwachsenen, verkümmerten Büschen, unter der erbarmungslosen Sonne, vor dem leeren Horizont erhebt sich Brasilia, die Mondstadt, die Gesellschaft der Versuchskaninchen. Im Zentrum ein beherrschendes und selbst von den Pyramiden an Monumentalität kaum übetroffenes Symbol: der *Platz der drei Gewalten*. Jedoch ist er weder Symbol der Gottheit noch der Menschheit, sondern einer Verwaltungsvorstellung aus dem 18. Jahrhundert. Eine triumphale Piste (die *monumentale Achse*) verbindet das Symbol mit dem Bahnhof, dem Tempel der Gegenwart. Vor dem prophetischen Auge erscheint diese Achse voll tobender Menschen des zweiundzwanzigsten Jahrhunderts oder voll von Marsbewohnern (riesenhaften goldenen Ameisen). Vorläufig ist sie jedoch menschenleer, lediglich gesäumt von den pathetischen Blöcken der Ministerien, eingeschlossen von den kreuzungslosen Asphaltstraßen, die trotz des Asphalts Reminiszenzen an Kreta wachrufen. Kreta, Ägypten und Babylon – doch sicherlich nicht Hellas – sind die antikisierenden Leitmotive dieser kolossalen Herrlichkeit. Das Griechenland mit seiner Betonung des menschlichen Maßes (anthropos metron panton) ist hier überwunden. Überholt durch übermenschliche und transmenschliche Dimensionen. Die Griechen bezeichneten eine solche Überwindung als »Hybris«, und auch in der Bibel finden sich bekanntlich längere Ausführungen über den Turmbau zu Babel.

Im zukünftigen Vergnügungszentrum soll das *Hotel Nacional* eine Oase sein, die durch niedrige Decken und hohe Mauern die Monumentalität der Symbole und den Schrecken der grauen Einöde draußen vergessen machen will. Eine Miniaturwelt, eine Art Raumschiff 2001, wo um einen blauen Swimmingpool ein kaltes Buffet angerichet ist, an dem sich – von der älteren amerikanischen Jungfer mit *Amazon Explorer*-Abzeichen über den Diplomaten bis hin zum Politiker – alle bedienen sollen und wo Schülern auf Klassenfahrt nach Goiana und Belo Horizonte Coca-Cola serviert wird.

Jenseits dieser beiden Zentren breitet sich die Stadt gen Westen aus, wo sie in zwei verschiedenen Siedlungen unterteilt werden kann. Die eine grenzt an die traditionelle Avenue (die W3) und besteht aus kleinen aneinander geklebten Häuschen, die einfache geometrische Muster bilden. Die andere besteht aus Appartmentkomplexen, die Innenhöfe mit Schulen, Läden und Unterhaltungszentren umschließen. Die Adressen in beiden Siedlungen setzen sich aus Zahlen und Buchstabenkombinationen zusammen, die an moderne Computercodes erinnern. Wer zu den in die Geheimsprache Initiierten gehört, dem geben die Zeichen Auskunft über den Wohnort sowie die wirtschaftliche Stellung des Bewohners und das ungefähre Datum seiner Ankunft in Brasilia. Durchaus vorstellbar, daß Kinder, die in jener »schönen neuen Welt« geboren werden, schon mit diesen Zeichen versehen sind, ja sie sogar durch genetische Mutation als Erbgut auf der Brust tragen. Doch glücklicherweise ändert die Präfektur die Adressen von Zeit zu Zeit, so daß es äußerst schwierig ist, ein gesuchtes Haus überhaupt zu finden. Die Alpha, Beta und Gamma der Einwohner Brasilias leben offensichtlich in angenehm hierarchisch unterteilten Gegenden, doch die Dichte des bewohnten Raumes (im Gegensatz zur Weite der Landschaft), macht asoziale Entfremdung auf sämtlichen Niveaus unmöglich. Der allgemeine Eindruck ist der eines zwar angenehmen, aber doch leicht verkommenen Ameisenhaufens und erinnert an Viertel in New York oder Moskau; die Qualität dürfte ungefähr in der Mitte zwischen den beiden Hauptstädten der gegenwärtigen Weltmächte anzusiedeln sein. An ihren äußersten Punkten berühren beide Viertel die majestätisch sich ausbreitende Ebene, in die sie langsam vordringen.

Ein künstlicher See, gleich einem blauen Spiegel, kontrastiert scharf mit dem staubigen Grau der Hochebene – eine Wasserinsel inmitten eines Landmeeres. In dieser Umgebung ohne Bezugspunkt, ohne menschliches Maß, erscheint er mal sehr groß, mal wie ein verlorener Tropfen. In einer gewissen Entfernung zur Stadt (nah oder fern?) entstand eine andere, unvorhergesehene Stadt, die dennoch das Ergebnis der beiden Entwürfe Brasilias ist. Eine Stadt des Wilden Westens – menschlich und schmutzig, armselig und voller Leben. Kurzum: eine Erholung für jeden Abenteurer und die Augen des Besuchers.

Das ist die eine Ansicht Brasilias: Man sieht ein eingestandenermaßen unvollendetes Werk, von dessen künftiger Vollendung jedoch mit Sicherheit keine überraschenden Neuerungen zu erwarten sind. Die Ansicht kann und muß durch eine Anhörung vervollständigt werden, das heißt durch die Aussagen der Bewohner. Für die bescheidenen Ziele dieses Artikels können sie jedoch vernachlässigt werden, denn sie würden die Aufgaben der Kritik, wie ich sie oben skizziert habe, nur erschweren. Der Kritiker fühlt sich auch ohne sie schon hinreichend verunsichert. Und doch kann er sich seiner Aufgabe nicht entziehen: Denn wir alle sind Kritiker bei einem Werk von solcher Reichweite.

Die erste Aufgabe des Kritikers ist die Erkenntnis des Werkes, die voraussetzungslose Annahme seines zugrundeliegenden Entwurfs. Es wäre nicht einsichtig zu argumentieren, daß Leonardo nach der Konzeption Giottos hätte malen sollen. Genauso unbefriedigend wäre es, zu behaupten, daß der geopolitische Plan Brasilias nicht hätte verwirklicht werden dürfen, sondern ein anderer, oder gar daß derselbe an einem anderen Ort, zu einer anderen Zeit hätte umgesetzt werden müssen. Oder zu behaupten, daß der sozialanthropologische Plan aus diesem oder jenem Grund verfehlt oder unsympathisch sei oder daß Gesellschaften sich nicht planen ließen, sondern sich organisch entwickeln müßten. Diese Art der Kritik sollte aufhören. Das Werk als solches muß anerkannt werden.

Aber ist ein Projekt erst erkannt, so ist es die Aufgabe der Kritik, es mit dem verwirklichten Werk zu vergleichen. Inwiefern ist die Umsetzung in Brasilia gelungen, und an welchen Punkten hat man sich von den zugrundeliegenden Entwürfen entfernt? Der Kritiker sieht sich nicht in der Lage, diese Frage zu beantworten. Denn in dem Maße, in dem Brasilia das geopolitische Projekt umsetzte, entfernte es sich vom sozialanthropologischen, wie die Entstehung der ungeplanten Stadt beweist: Die Wildwest-Stadt verkörpert den wahren Sinn dieses Planes. Und in dem Maße, in dem Brasilia den sozialanthropologischen Entwurf verwirklichte, entfernte es sich vom geopolitischen – die Monumentalität und der Luxus der öffentlichen Gebäude geben Zeugnis davon. Ihr futuristischer Kosmopolitismus und ihr Vexierbild wirtschaftlicher Prosperität leugnen den Versuch, ein Zentrum für ein expandierendes und sich entwickelndes Land zu schaffen. Vielleicht ist es möglich, beide Projekte in ferner Zukunft zusammenzuführen. Doch diese Synthese war in keinem Plan vorgesehen. Sie wird ganz von selbst kommen. Habent fata libelli: und so haben auch Gesellschaften ihre Schicksale, welche jedoch kaum vorherbestimmbar sind.

Pläne schaffen Ordnung. Doch sich überlagernde Entwürfe verursachen durch ihre Überblendung Chaos in der Ordnung. Vor dem Chaos ist die Kritik ratlos. In einem solchen Fall wäre es wohl das beste, sich eines Urteils zu enthalten. Doch die Auswirkungen eines Werkes von solcher Größe sind so gewaltig, daß es unaufrichtig wäre, nicht Stellung zu beziehen. Man ist entweder dafür oder dagegen. Die Anhängerschaft oder Gegnerschaft wird notwendigerweise auf rein subjektiven Kriterien fußen. Etwa von der Art: »Ich möchte gerne in Brasilia wohnen« oder »Lieber sterben, als in so einer Umgebung zu leben«. Doch solche Urteile haben nichts mit Kritik im strengen Wortsinn zu tun.

Brasilia ist wie jedes menschliche Werk nicht zuletzt auch Kunstwerk. Vielleicht das bisher größte in Brasilien geschaffene. Es muß der Kritik unterzogen werden. Es war das Anliegen dieses Textes, aufzuzeigen, welche Schwierigkeiten dieser Aufgabe entgegenstehen.

rscheinungen entdecken. Seit der Ren
ndes und bisher Unverdautes gekommen
maischen Kreisen und Epizykeln xdxrx
ischen Zirkeln und keplerschen Ellip
t das eigentlich? Hat Gott der Schoe
ersten Tag der Schoepfung verwendet
sondern die Herren Astronomen, die d
ie Formen nicht goettlich, sondern m
im Jenseits, sondern plastisch und m
gar nicht Ideen und Ideale, sondern
e daran ist nicht das Absetzen Gotte
Weltenschoepfer. Sondern das tatsaec
h die Himmel (und ueberhaupt alle Na
ssen, wie sie es ja sollten, falls w
n haben sollten. Warum folgen die Pl
izyklischen oder elliptischen Bahnen
ulären. Warum koennen wir die Naturg
beliebig formulieren? Gibt es etwa d
Formeln schluckt aber andere ausspuk
raussen etwa eine "Wirklichkeit", di
lieren laesst, aber die dennoch eine

ist unverdaulich, denn man kann nich
Welt sein und zugleich dieser Welt u

n. Die Welt hat fuer uns jene Formen

seit Beginn des Lebens auf Erden ang

er, dass wir der Welt nicht alle bel

Welt nimmt nur jene Form/EN an, die uns

Wir haben begonnen diesem Leb

ganze Serie von Schnippchen zu schl

Apparate erfunden, die aehnliches le

ir koennen die von ueberall ankommen

omputieren. Wir koennen andere, alte

nsche und Gedanken erzeugen. Wir koe

Welt, auch in anderen Welten leben.

da" kann mehrere Bedeutungen haben. D

ja monstroes, aber es gibt dafuer be

tueller Raum sind solche Beschoenigu

Man nehme eine Form, irgendeine

ulierbaren Algorithmus. Man fuettere

n Plotter. Die derart ersichtlich ge

glich mit Partikeln. Und siehe da, e

ist ebenso wirklich wie die des ZNS

ingt, die Formen ebenso dicht zu fuel

Das ist eine schoene Hexenkuec

en und tun dies mindestens ebenso gut

eruehmten sechs Tage getan hat. Wir s

Über den Horizont hinaus

Schamanen und Maskentänzer

Wenn man die Gleichungen, in denen sich die Wissenschaften ausdrücken, in einen Computer füttert, dann wird auf dem Schirm das Weltbild der Wissenschaften erscheinen. Und zwar als einander kreuzende und überdeckende Drahtgeflechte. An einigen Stellen verdichten sich die Drähte und bilden Ausbuchtungen. Diese Wellentäler innerhalb der Netzfelder nennt man *Materie*, während die sie bildenden Drähte *Energie* genannt werden. »Animiert« man dieses Computerbild (macht man daraus einen Film), dann wird man beobachten können, wie sich die Ausbuchtungen aus den Drahtgeflechten ausstülpen, verschiedenerorts immer komplexer werden, sich dann wieder einebnen, um schließlich spurlos im Geflecht zu verschwinden. Das Happy-End des Films ist ein sich formlos in alle Richtungen ausdehnendes Drahtnetz. Man kann dies den *Wärmetod* nennen. Eines der Wellentäler kann als »unsere Sonne« identifiziert werden. In diesem Tal wird man ein Untertal als »unsere Erde« darstellend erkennen. Betrachtet man dieses Untertal näher, dann wird man dort eine große Zahl winziger Ausbuchtungen ersehen: die die Erde umhüllende Biomasse. Richtet man seine Aufmerksamkeit auf dieses Plätschern, dann wird man unter den kleinen und flüchtigen Wellchen uns selbst wiedererkennen.

Wenn wir uns derart als provisorische Ausbuchtungen aus einander überschneidenden Kräftefeldern erkennen, dann wird alle hergebrachte Anthropologie über den Haufen geworfen. Dann sind wir nämlich verknotete Beziehungen (Drähte) ohne irgendeinen Kern (irgendeinen »Geist«, irgendein »Ich«, irgendein »Selbst«, überhaupt ohne irgend etwas, womit wir uns »identifizieren« könnten). Entknotet man die Beziehungen, die uns ausmachen, dann bleibt nichts in den Händen. Anders gesagt: »Ich« ist dann jener abstrakte Punkt, in dem sich konkrete Beziehungen kreuzen und von dem konkrete Beziehungen ausgehen. Mit diesen in uns verknoteten Beziehungen können wir uns dann allerdings »identifizieren«: zum Beispiel als schwerer Körper (Knotenpunkt im elektromagnetischen und gravitationellen Feld) und als Organismus (Knotenpunkt im genetischen und ökologischen Feld) und als »Psyche« (Knotenpunkt im kollektiven psychologischen Feld) und als »Person« (Knotenpunkt in einander überschneidenden sozialen, intersubjektiven Feldern). Statt »Person« kann man auch »Maske« sagen. Was früher »Selbstidentifikation« genannt wurde, kann gegenwärtig besser als Identifikation mit einer Maske (oder mit einigen austauschbaren oder übereinanderlegbaren Masken) bezeichnet werden.

Damit gewinnt der Begriff »Maske« seine ursprüngliche existentielle Bedeutung wieder. Man ist, was man ist, erst wenn man eine spezifische Maske trägt (in ihr tanzt) und wenn die übrigen Stammesmitglieder diese Maske erkennen und anerkennen. Ursprünglich gab es relativ wenig Masken: etwa die des Schamanen, des Jägers, des Homosexuellen. Später wurden die Masken zahlreicher; sie können heute eine über der anderen getragen werden: Man kann etwa als Bankdirektor tanzen und darunter die Maske des Kunstsachverständigen, des Bridgespielers und des Vaters tragen. Schält man eine Maske nach der anderen ab, dann bleibt (wie bei der Zwiebel) nichts übrig. Die Existenzanalyse drückt das so aus: »Ich« ist, wozu »du« gesagt wird.

Betrachtet man derart die Gesellschaft (das Feld der intersubjektiven Beziehungen) als eine Maskenverleihanstalt, dann erkennt man in ihr ein Netz, innerhalb dessen physikalische, biologische, psychologische (und andere) Verknotungen in Masken aufgefangen werden, um zu »Personen« verdichtet zu werden. Die Frage ist dann, wie diese Masken hergestellt und auf die ins soziale Netz einströmenden Beziehungen aufgesetzt werden. Damit wird das Masken-Design zur eigentlichen politischen Frage. Bei einem Stamm in Amazonien ist dies deutlich: Wie wird das Design der Schamanenmaske hergestellt und wie wird die Maske dann einem in die Pubertät tretenden Mann aufgesetzt, damit er als Schamane von allen anerkannt werde und sich selbst als solcher identifizieren möge? Bei einer so komplexen Gesellschaft wie der sogenannten »nachindustriellen« ist dies weniger deutlich. Jedoch genügt es, diese Frage zu formulieren, um die meisten politischen Kategorien durcheinander zu bringen.

Es ist wenig erfolgversprechend, die Amazonenindianer daraufhin zu befragen. Sie werden das Design der Maske übermenschlichen Kräften zuschreiben (etwa einem Leopardenförmigen Ahnen), und das Aufsetzen der Maske werden sie aus einer geheiligten Tradition erklären. Das ist eine Ideologie, die zwar nicht weniger glaubhaft ist als unsere eigenen, uns aber dennoch befremdet. Unsere eigenen Ideologien (vor allem die jüdisch-christliche und humanistische) setzen in uns einen Ich-Kern voraus, der in verfügbare Masken hineinkriecht und sich darin verbirgt, und das erschwert das Verständnis des Masken-Design noch mehr als der Leopardenahne. Es bleibt daher nichts anderes übrig als der Versuch, vom Feld der intersubjektiven Beziehungen etwas zurückzutreten und sich die Masken von außen anzusehen; ein unmöglicher Versuch, denn ohne Maske sind »wir« nicht und können daher keine Masken erkennen. (Früher nannte man dies die »Dialektik des unglücklichen Bewußtseins«.)

Dennoch läßt sich sagen: Masken als Löffel, welche in den Beziehungsbrei eintauchen, um daraus Personen zu schöpfen, sind irgendwie selbst aus dem Brei emporgetaucht: Sie sind selbst intersubjektive Formen. (Die Maske des Bankdirektors ist nicht aus irgendeinem Himmel der Berufung oder des Berufs auf die Gesellschaft gefallen, sondern die Berufung und der Beruf sind eine Folge der Maske.) Daher ist die Frage nach dem Masken-Design eine intersubjektive Frage. Das heißt: Was ich bin, dazu bin ich erst im allgemeinen »Gespräch« geworden. Daraus ist zu schließen: »Ich« ist nicht nur Maskenträger, sondern auch Designer der Masken für andere. Also »verwirkliche« ich mich nicht nur, wenn ich in Masken tanze, sondern ebenso, wenn ich gemeinsam mit anderen Masken für andere entwerfe.

»Ich« ist nicht nur, wozu »du« gesagt wird, sondern auch, was »du« sagt. Allerdings kann ich nur maskiert Masken entwerfen. Das ist keine befriedigende Antwort auf die Frage nach dem Design von Masken, sondern bestenfalls Ansatz für weitere Fragen. Nur diese Fragestellung unterscheidet uns von den Indianern (inklusive von solchen, welche um uns herumtanzen oder vor Fernsehschirmen sitzen, um sich von dort Masken zu holen). *Design* heißt unter anderem Schicksal. Die Fragestellung ist der Versuch, gemeinsam das Schicksal in die Hand zu nehmen, es gemeinsam zu formen.

Form und Material

Mit dem Wort »immateriell« wird schon längst Unfug getrieben. Aber seit man von einer »immateriellen Kultur« spricht, kann solch ein Unfug nicht länger hingenommen werden. Der vorliegende Aufsatz setzt sich zur Aufgabe, zum Abräumen des schiefen Begriffs »Immaterialität« beizutragen.

Das Wort *materia* ist das Resultat des römischen Versuchs, den griechischen Begriff *hylé* ins Lateinische zu übersetzen. *Hylé* meint ursprünglich »Holz«, und so etwas wird auch das Wort »materia« gemeint haben, wie aus dem spanischen Wort *madera* noch zu ersehen ist. Aber als die griechischen Philosophen zum Wort *hylé* gegriffen haben, dachten sie dabei nicht an Holz im allgemeinen, sondern an jenes Holz, das in Tischlerwerkstätten lagert. Es ging ihnen nämlich darum, ein Wort zu finden, in welchem ein Gegensatz zum Begriff »Form« (griechisch *morphé*) ausgedrückt werden könnte. Also meint *hylé* etwas Amorphes. Die Grundvorstellung dabei ist diese: Die Welt der Erscheinungen, so wie wir sie mit unseren Sinnen wahrnehmen, ist ein unförmiger Brei, und hinter ihr sind ewige, unveränderliche Formen verborgen, die wir dank dem übersinnlichen Blick der Theorie wahrnehmen können. Der amorphe Brei der Erscheinungen (die »materielle Welt«) ist eine Täuschung, und die dahinter verborgenen Formen (die »formale Welt«) ist die Wirklichkeit, die dank der Theorie entdeckt wird. Und zwar so, daß erkannt wird, wie die amorphen Erscheinungen in die Formen fließen, sie füllen, um dann wieder ins Amorphe hinauszufließen.

Wir kommen diesem Widerspruch *hylé – morphé* oder »Materie – Form« näher, wenn wir das Wort »Materie« mit »Stoff« übersetzen. Das Wort »Stoff« ist das Substantiv des Verbums »stopfen«. Die materielle Welt ist das, was in Formen gestopft wird, sie ist das Füllsel für Formen. Das ist viel einleuchtender als das Bild vom Holz, das zu Formen geschnitzt wird. Denn es zeigt, daß die stoffliche Welt überhaupt erst verwirklicht wird, wenn sie in irgend etwas gestopft wird. Das französische Wort für »Füllsel« ist *farce*, und das erlaubt die Behauptung, daß unter so einem theoretischen Blick auf die Welt alles Materielle, Stoffliche eine Farce ist. Dieser theoretische Blick ist im Verlauf der Entwicklung der Wissenschaften in einen dialektischen Widerspruch mit dem sinnlichen Blick getreten (»Observation – Theorie – Experiment«), und dies kann als Trübung der Theorie gedeutet werden. Dies konnte sogar bis zum Materialismus führen, für den die Materie (der Stoff) die Realität ist. Gegenwärtig jedoch beginnen wir unter dem Druck der Informatik zum ursprünglichen Begriff der »Materie« als einem vorübergehenden Füllsel von zeitlosen Formen zurückzukommen.

Aus Gründen, deren Bedenken den Rahmen dieses Aufsatzes sprengen würden, hat sich, unabhängig vom philosophischen Materiebegriff, der Widerspruch »Materie – Geist« entwickelt. Die ursprüngliche Vorstellung dabei ist, daß feste Körper verflüssigt und flüssige vergast werden können, und dabei aus dem Blickfeld verschwinden. So kann zum Beispiel der Atem (griechisch *pneuma*, lateinisch *spiritus*) als eine Vergasung des festen menschlichen Körpers angesehen werden. Der Übergang von fest zu gasförmig (von Körper zu Geist) kann am Hauch bei Frost beobachtet werden.

In der modernen Wissenschaft hat sich aus der Vorstellung des Wechselns der Aggregatzustände (fest – flüssig – gasförmig und zurück) ein anderes Weltbild ergeben. Danach geht, grob gesprochen, dieser Wechsel zwischen zwei Horizonten vor sich. Auf dem einen Horizont (dem aboluten Nullpunkt) ist überhaupt alles fest (stofflich), und auf dem anderen Horizont (bei Lichtgeschwindigkeit) ist überhaupt alles mehr als gasförmig (energetisch). (Hier sei daran erinnert, daß »Gas« und »Chaos« das gleiche Wort sind.) Dieser hier auftauchende Gegensatz »Materie – Energie« erinnert an Spiritismus: Man kann Materie in Energie verwandeln (Fission) und Energie in Materie (Fusion), und dies artikuliert die Einsteinsche Formel. Und für das Weltbild der modernen Wissenschaft ist alles Energie, das heißt eine Möglichkeit zu zufälligem, unwahrscheinlichem Ballen, zur Materienbildung. Für so ein Weltbild gleicht »Materie« vorübergehenden Inseln von Ballungen (Krümmungen) in einander überschneidenden energetischen Möglichkeitsfeldern. Und daher stammt der gegenwärtig in Mode kommende Unfug, von »immaterieller Kultur« zu sprechen. Gemeint ist eine Kultur, bei welcher Informationen ins elektromagnetische Feld eingetragen und dort übertragen werden. Der Unfug besteht nicht nur im Mißbrauch des Begriffs »immateriell« (statt »energetisch«), sondern auch im Unverständnis des Begriffs »informieren«.

Zurück zum ursprünglichen Gegensatz »Materie – Form«, also »Inhalt – Behälter«. Der Grundgedanke dabei ist dieser: Wenn ich etwas sehe (zum Beispiel einen Tisch), dann sehe ich Holz in Tischform. Zwar ist dabei das Holz hart (ich stoße dagegen), aber ich weiß, daß es vergehen wird (verbrennen und in amorphe Asche zerfallen). Aber die Tischform ist unvergänglich, denn ich kann sie mir immer und überall vorstellen (vor meinen theoretischen Blick hinstellen). Daher ist die Tischform real, und der Tischinhalt (das Holz) nur scheinbar. Und das zeigt, was eigentlich Tischler machen: Sie nehmen eine Tischform (die »Idee« eines Tisches) und zwingen sie einem amorphen Stück Holz auf. Das Malheur dabei ist, daß sie dadurch nicht nur das Holz informieren (in die Tischform zwingen), sondern auch die Tischidee deformieren (sie im Holz verzerren). Das Malheur ist also, daß es unmöglich ist, einen idealen Tisch zu machen.

Das alles klingt archaisch, ist aber tatsächlich von einer Aktualität, die verdient, »brennend« genannt zu werden. Dafür ein einfaches und hoffentlich einleuchtendes Beispiel: Die schweren Körper um uns herum scheinen regellos zu kollern, aber in *Wirklichkeit* befolgen sie die Formel des freien Falles. Die sinnlich wahrgenommene Bewegung (das Stoffliche an den Körpern) ist scheinbar, und die theoretisch ersehene Formel (das Formale an den Körpern) ist wirklich. Und diese Formel, diese Form ist raum- und zeitlos, unveränderlich ewig. Die

Formel des freien Falles ist eine mathematische Gleichung, und Gleichungen sind raum- und zeitlos: Es hat keinen Sinn, fragen zu wollen, ob »1+1=2« auch um vier Uhr nachmittags in Semipalatinsk wahr ist. Es hat aber ebensowenig Sinn, von der Formel zu sagen, daß sie »immateriell« sei. Sie ist das *Wie* des Stoffes, und der Stoff ist das *Was* der Form. Anders gesagt: Die Information »freier Fall« hat einen Inhalt (Körper) und eine Form (eine mathematische Formel). So etwa hätte man das im Barock ausgedrückt.

Aber die Frage ist und bleibt: Wie ist Galilei auf diese Idee gekommen? Hat er sie hinter den Erscheinungen theoretisch entdeckt (platonische Interpretation), hat er sie zwecks *Orientation* unter den Körpern erfunden, oder hat er solange mit Körpern und mit Ideen herumgespielt, bis die Idee des freien Falles herauskam? Mit der Antwort auf diese Frage steht und fällt das Gebäude der Wissenschaft und der Kunst, dieser Kristallpalast aus Algorithmen und Theoremen, den wir die Kultur des Abendlandes nennen. Um dieses Problem zu verdeutlichen, um die Frage nach dem formalen Denken vor Augen zu führen, sei ein weiteres Beispiel aus der Zeit Galileis geboten:

Es geht um die Frage nach dem Verhältnis zwischen Himmel und Erde. Falls sich der Himmel mit Mond, Sonne, Planeten und Fixsternen um die Erde dreht (wie dies zu sein scheint), dann dreht er sich in sehr komplizierten epizyklischen Bahnen, von denen einige rückläufig sein müssen. Falls die Sonne im Mittelpunkt steht, und daher die Erde zu einem Himmelskörper wird, dann laufen die Bahnen in relativ einfachen elliptischen Formen. Die barocke Antwort auf diese Frage: In Wirklichkeit steht die Sonne in der Mitte, und die Ellipsen sind die wirklichen Formen; und die epizyklischen Formen der Ptolemäer sind Figuren, Fiktionen, erfundene Formen, um den Schein zu wahren (die Erscheinungen zu retten). Wir denken gegenwärtig formaler als damals, und unsere Antwort lautet: Ellipsen sind bequemere Formen als Epizyklen, und daher sind sie vorzuziehen. Aber Ellipsen sind weniger bequem als Kreise, und Kreise können leider hier nicht angewandt werden. Zur Frage steht also nicht mehr, was wirklich, sondern was bequem ist, und dabei stellt sich heraus, daß man nicht einfach bequeme Formen den Erscheinungen aufsetzen kann (in diesem Fall Kreise), sondern nur die Bequemsten unter einigen, die zu ihnen passen. Kurz: die Formen sind weder Entdeckungen noch Erfindungen, weder platonische Ideen noch Fiktionen, sondern zurechtgebastelte Behälter für Erscheinungen (»Modelle«). Und die theoretische Wissenschaft ist weder »wahr« noch »fiktiv«, sondern »formal« (Modelle entwerfend).

Falls »Form« der Gegensatz zu »Materie« ist, dann gibt es kein Design, das »materiell« zu nennen wäre: Es ist immer informierend. Und falls die Form das »Wie« der Materie ist, und »Materie« das »Was« der Form, dann ist Design eine der Methoden, der Materie Form zu verleihen, und so und nicht anders erscheinen zu lassen. Das Design zeigt, wie alle kulturelle Artikulation, daß die Materie nicht erscheint (unscheinbar ist), außer man informiere sie, und daß sie, wenn einmal informiert, zu scheinen beginnt (phänomenal wird). Daß also die Materie im Design, wie überall in der Kultur, die Art ist, *wie* die Formen erscheinen.

Aber von Design zwischen Material und »Immaterialität« zu reden, ist dennoch nicht völlig sinnlos. Es gibt nämlich tatsächlich zwei verschiedene Seh- und Denkarten: die stoffliche und die formale. Die barocke war stofflich: Die Sonne ist wirklich im Zentrum, und die Steine fallen wirklich nach einer Formel. (Sie war stofflich, und gerade darum nicht materialistisch). Unsere ist eher formal: Die Sonne im Zentrum und die Gleichung des freien Falles sind praktische Formen (das ist formal, und gerade deshalb nicht immaterialistisch). Diese beiden Seh- und Denkarten führen zu zwei verschiedenen Arten des Entwerfens. Die stoffliche führt zu Repräsentationen (zum Beispiel zu den Darstellungen von Tieren auf Höhlenwänden). Die formale zu Modellen (zum Beispiel zu Entwürfen von Kanalisationen auf mesopotamischen Ziegeln). Die erste Sehweise betont das Erscheinende in der Form, die zweite die Form in der Erscheinung. So kann beispielsweise die Geschichte der Malerei als Prozeß angesehen werden, im Verlauf dessen das formale über das stoffliche Sehen (allerdings mit einigen Rückschlägen) überhand nimmt. Das will gezeigt sein:

Ein wichtiger Schritt auf dem Weg zur Formalisation ist die Einführung der Perspektive. Es geht zum ersten Mal bewußt darum, vorgefaßte Formen mit Stoff aufzufüllen, die Erscheinungen in spezifischen Formen erscheinen zu lassen. Ein weiterer Schritt ist etwa Cézanne, dem es gelingt, zwei oder drei Formen zugleich auf einen Stoff zu drücken (etwa einen Apfel von verschiedenen Perspektiven aus zu »zeigen«). Dies wird vom Kubismus auf die Spitze getrieben: Es geht um das Aufzeigen vorgefaßter geometrischer (einander überschneidender) Formen, bei denen der Stoff nur dazu dient, die Formen erscheinen zu lassen. Man kann also von dieser Malerei sagen, daß sie sich zwischen dem Inhalt und dem Behälter, zwischen dem Stoff und der Form, zwischen dem materiellen und dem formalen Aspekt der Erscheinungen in Richtung dessen bewegt, was unrichtig das »Immaterielle« genannt wird.

Aber dies alles ist nur eine Vorbereitung für die Herstellung der sogenannten »synthetischen Bilder«. Sie erst machen die Frage nach dem Verhältnis von Stoff zu Form gegenwärtig so »brennend«. Es geht um Apparate, welche gestatten, Algorithmen (mathematische Formeln) als farbige (und womöglich bewegte) Bilder auf Schirmen aufleuchten zu lassen. Das ist etwas anderes als das Entwerfen von Kanälen auf mesopotamischen Ziegeln, als das Entwerfen von Würfeln und Kegeln auf kubistischen Gemälden, ja sogar etwas anderes als das Entwerfen von möglichen Flugzeugen aus Kalkulationen. Denn im ersten Fall geht es darum, Formen für künftig darin aufzufangende Stoffe zu entwerfen (Formen für Kanalwasser, für Demoiselles d'Avignon, für Mirages), und im zweiten Fall geht es um »reine« platonische Formen. Die fraktalen Gleichungen zum Beispiel, die als Mandelbrots Apfelmännchen auf den Schirmen aufleuchten, sind stofflos (wenn sie auch nachträglich mit Stoffen wie Gebirgsformationen, Gewitterwolken oder Schneeflocken gestopft werden können). Solche synthetischen Bilder können (fälschlich) »immateriell« genannt werden, und zwar nicht, weil sie im elektromagnetischen Feld aufleuchten, sondern weil sie stoff-freie, leere Formen zeigen.

Die »brennende« Frage lautet demnach: Früher (seit Platon und noch vorher) ging es darum, vorhandenen Stoff zu formen, um ihn zum Erscheinen zu bringen, und jetzt geht es eher darum, einen aus unserer theoretischen Schau und unseren Apparaten hervorquellenden und sich übersprudelnden Strom von Formen mit Stoff zu füllen, um die Formen zu »materialisieren«. Früher ging es darum, die scheinbare Welt des Stoffs nach Formen zu ordnen, und jetzt eher darum, die vorwiegende, in Zahlen verschlüsselte Welt der sich unübersehbar vermehrenden Formen scheinbar zu machen. Früher darum, die gegebene Welt zu formalisieren, und jetzt, die entworfenen Formen zu alternativen Welten zu realisieren. Das meint »immaterielle Kultur«, sollte aber eigentlich »verstofflichende Kultur« heißen.

Es geht um den Begriff des Informierens. Er meint, Formen auf Stoffe drücken. Dies wird seit der Industrierevolution sehr deutlich. Ein Stahlwerkzeug in einer Presse ist eine Form, und sie informiert den an ihr vorbeifließenden Glas- oder Plastikstrom zu Flaschen oder Aschenbechern. Früher war die Frage, zwischen wahren und falschen Informationen zu unterscheiden. Wahr waren solche, bei denen die Formen Entdeckungen, und falsch solche, bei denen die Formen Fiktionen waren. Diese Unterscheidung wird sinnlos, seit wir die Formen weder für Entdeckungen (*aletheiai*) noch für Fiktionen, sondern für Modelle halten. Früher hatte es einen Sinn, zwischen Wissenschaft und Kunst zu unterscheiden, und jetzt ist dies sinnlos geworden. Das Kriterium für Informationskritik ist jetzt eher dieses: Wie weit sind die hier aufgedrückten Formen mit Stoff auffüllbar, wie weit sind sie realisierbar? Wie operativ, wie fruchtbar sind die Informationen?

Es geht also nicht darum, ob Bilder Oberflächen von Stoffen sind oder Inhalte von elektromagnetischen Feldern.

Sondern darum, wieweit sie dem stofflichen und dem formalen Denken und Sehen entspringen. Was immer »Material« bedeuten mag, es kann nicht das Gegenteil von »Immaterialität« bedeuten. Denn die »Immaterialität«, also strikt gesprochen, die Form, bringt überhaupt erst das Material in Erscheinung. Der Schein des Materials ist die Form. Und das allerdings ist eine post-materielle Behauptung.

s dahinter stehende Material und di

se Entwertung aller Werte erklärlic

ort 'design' bewusst zu werden begi

ir betrogene Betrüger sind, und das

etrug hinausläuft. Es ist zwar ric

chen Kunst und Technik ein Horizont

erfekter 'designen' können, uns imm

mmer künstlicher (schöner) leben kö

ist der Verzicht auf Wahrheit und E

les Wahre und Echte aus den Fugen z

gned-te Kunstwerke zu ersetzen. Un

wertvoll wie plastische Füllfedern:

ätens dann heraus, wenn wir sterben

Strategien (trotz Krankenhausarchi

ie Säugetiere sterben. Das Wort 'd

allgemeinen Gespräch gewonnen, wei

st und Technik als Quellen von Wert

inter zu durchblicken beginnen.

eine ernüchternde Erklärung. Aber

Geständnis geboten. Dieser Aufsatz

die listigen und heimtückischen Asp

t dies, weil sie für gewöhnlich ver

Design argumentiert, etwa darauf

Nachwort

Der Alltag lieferte ihm das Material. Vilém Flusser, dem Philosophen, Kombinations- und Verwandlungskünstler, beliebte es, sein Denken auf Beiläufiges zu richten, auf das, was ihm gerade vor Augen und zu Ohren kam oder buchstäblich auf den Leib rückte: So dachte er nach über den Zuschnitt von Hosen oder die Handhabe von Schirmen. Auch Telephon und Schreibmaschine, Fotoapparat und Kochtopf forderten ihn dazu heraus, mit Hilfe seiner universalen Bildung zwischen Zukunft und Vergangenheit zu springen. Geläufige Gegenstände allesamt – und doch sehen wir sie nun in neuem Licht.

Die Dinge geraten ins Wanken, nichts verbleibt an seinem angestammten Platz. Flusser zeigt verblüffende Zusammenhänge – wunderliche Metamorphosen. Aus vermeintlich banalen Dingen konnte Flusser – dies führte er seinem erstaunten Publikum immer wieder vor – komplexe Theorien entwickkeln, quer zu allen wissenschaftlichen Disziplinen. Mit seiner Phänomenologie der Alltagssachen wollte er ein Netz von neuen Beziehungen sichtbar werden lassen, unbeachtete Verbindungen aufzeigen.

Permutation wurde ihm zum Prinzip. Die Dinge, die er betrachtete, machten sich zunehmend unabhängig von den Absichten ihrer Konstrukteure. Nicht nur der Computer war für ihn ein eigenwilliges Geschöpf: »Wer hätte bei der Erfindung des Dampfkessels vorausgesehen, daß er als Lokomotive den Westen Nordamerikas eröffnen und damit den pazifischen Ozean für die okzidentale Zivilisation zugänglich machen würde?« Und wer denkt, wenn er den Rasierapparat zur Hand nimmt, gleich an einen Rasenmäher? »Die Werkzeuge des Friseurs sind Miniaturen der Werkzeuge des Gärtners, und seine Gesten können daher mit denen des Gärtners verglichen werden«, erläuterte Flusser mit spielerischem Ernst.

Permutation als Prinzip: »Gärtner, Urbanisten und Öko-logen sind Kosmetiker. Sie wollen nicht ein In-der-Welt-Sein des Menschen, sondern ein ›kosmetisches‹ Dasein, das heißt, ein ästhetisches Dasein im schlechten Sinne des Wortes. Es sind Friseure.« Das Berufsbild des Designers sah er anders: nicht als Kosmetiker, nicht als Stylisten begriff er die Gestalter. Der Designer, so Flusser, habe künftig nicht mehr einzelne Gegen-stände, sondern *Relationen* zu entwerfen. Dafür biete die Diszi-plin geradezu ideale Voraussetzungen. Denn Design sei die »Koinzidenz von großartigen Ideen« aus Wissenschaft, Kunst und Ökonomie. Scheinbar mühelos verknüpfe sich dort Dispa-rates zu einem neuen Netz von Beziehungen.

Das mußte Flusser interessieren. Ende der achtziger Jahre mischte er sich in die Design-Debatte ein, hielt Vorträge und tippte auf seiner alten Schreibmaschine Glossen und Kom-mentare: Mitteilungen über den Stand der Dinge, die in diesem Buch erstmals komplett (und daher nicht immer ganz ohne Überschneidungen) dokumentiert werden.

Mit verblüffender Sicherheit spürte er Widersprüche auf, benannte Tabus. Der Krieg, schrieb Vilém Flusser, mache deutlich, wie es mit dem Design bestellt wäre, wenn ewiger Friede herrschte. Nämlich äußerst schlecht.

Da war der Golfkrieg in vollem Gange. Ein zynischer Kommentar? Ein makaberes Spiel? »Mag sein«, schränkte der vermeintliche Bellizist ein, »daß der Krieg nicht die einzige Quelle des guten Design ist«, schließlich könne man Mode und Geschlecht nicht ignorieren. Aber die bewaffnete Auseinander-setzung sei nun einmal wesentliches Movens aller Gestaltung. Und damit nicht genug: »Es gibt Leute«, fuhr Flusser fort, »die gegen den Krieg sind. Sie lassen sich nur ungern von Raketen töten (obwohl sie, wenn danach befragt, nicht sagen können, welche Todesart sie vorziehen). Solche Leute sind bereit, im Interesse des Friedens ein schlechtes Design hinzunehmen! Diese guten Leute sind zu gar nichts anderem gut, als einfach zum Dasein. Es sind Anti-Designer.«

Das war böse. Bitterböse. Provokation.

»Auf keinen Fall ist es im Interesse des guten Design ›make love not war‹ zu sagen.« Denn: »Wer sich entschlossen hat, Designer zu werden, der hat sich gegen die reine Güte entschieden. Er mag dies bemänteln wie er will (etwa ablehnen, Raketen zu entwerfen und sich darauf beschränken, Friedenstauben zu entwerfen).«

Wie leicht konnte man solche Worte mißverstehen. Flusser aber ging es nicht um Bekenntnis – etwa für oder gegen den Krieg. Verlautbarungen, prononcierte Selbstlegitimation, unverrückbare Standpunkte waren seine Sache nicht. Er wollte Streit – mit offenem Ausgang. Und der hat oft ins Schwarze getroffen. Der Edelmut jener Tage, den sein Kommentar attackierte, war ein heikles Thema; vor allem, so absurd es scheinen mag, für das Design. »Man muß sich entscheiden«, resümierte Flusser, »entweder Heiliger oder Designer.« Deutsche Designer machten sich oftmals nur vor, politisch zu sein. In Wirklichkeit reagierten sie vordergründig moralisch und blieben somit dem Ideologischen verhaftet.

Flusser aber war politisch. Ein *public man*. Ein Mann der Zeitung. In Brasilien, wo er als Direktor einer Transformatorenfabrik, später als Professor für Kommunikationsphilosophie arbeitete, schrieb er in den sechziger und siebziger Jahren für verschiedene Organe, für Kulturzeitschriften ebenso wie für die Tagespresse. Seine Bemerkungen über Gesten und Rhythmen des subtropischen Landes, das Schreiten der Mädchen etwa oder das Tänzeln der Gauner und das Klappern der Schreibmaschinen, faßte er in kurze Prosastücke, die zwischen Journalismus und Philosophie oszillieren. Die Form von Glosse und Essay erlaubte ihm, ständig die Perspektiven zu wechseln, scheinbar disjunkte Punkte zu verknüpfen. Die Zeitdiagnose betrieb er als Experiment. Auch europäische Blätter wurden von ihm beliefert: Die *Frankfurter Allgemeine Zeitung* druckte Flussers phänomenologische Beobachtungen des brasilianischen Alltags. Eine Zeitlang zumindest. Seine Mitarbeit endete 1972 abrupt, als Flusser sich auch der deutschen Kultur annahm; eine Glosse über die »Kraftbrühe«, in der es hieß, »auch Suppen sind Kultureme, sie erlauben Rückschlüsse auf die Kultur« – das war dem Blatt mit den vielen klugen Köpfen zuviel.

In Brasilien war Flusser Star-Kolumnist. Die *Folha de São Paulo,* eine der größten Tageszeitungen des Landes, richtete ihm eine eigene Spalte ein. *Posto Zero* – Beobachtungspunkt Null hieß die tägliche Spitzmarke des Anstoßes. Während der Diktatur mußte er seine bissigen Bemerkungen verkleiden. In Anmerkungen zur Straßenverkehrsordnung etwa. Da hat er dann sein Publikum gefragt, warum es fast unmöglich sei, vom Paulistaner Vorort *Freiheit* in das Quartier *Paradies* zu gelangen. Um die Antwort war er nicht verlegen: Auf den Straßen könne man nicht abbiegen – nach links. Das wirkte harmlos. Tarnung. Permutation einmal mehr. Doch die Militärs haben die Botschaft verstanden. 1971 verließ Flusser das Land, auf einem holländischen Frachter: »Ein Flugticket wäre zu auffällig gewesen.«

Ein schwerer Abschied. Denn Brasilien schien Flusser das Modell einer künftigen, besseren Gesellschaft in sich zu bergen. »Ein Land, in dem die weiße Welt und die übrige Menschheit auf zahlreichen Ebenen zusammenstoßen, ein Ort, an dem sich verschiedene Sprachen sozusagen aneinander prüfen, ein Ort, an dem jeder Schreibende bewußt an der Sprache bastelt.« Für den Denker des abrupten Wechsels, den Kommunikationstheoretiker, der Begriffe und Erkenntnisse verschiedener Disziplinen, Zeiten und Kulturen zu transzendieren wußte, der fünf Sprachen perfekt beherrschte, war das eine Herausforderung. Eine Lebensaufgabe. Flusser war Übersetzer – im Wortsinn: Den größten Teil seiner Existenz habe er sich dafür engagiert, schrieb Flusser ein Jahr vor seinem Tod, »eine brasilianische Kultur aus okzidentalen und levantinischen, aus afrikanischen, eingeborenen und fernöstlichen Kulturelementen zusammenzufügen.«

1940 war Flusser – der 1920 in Prag geboren wurde – über London nach Südamerika geflüchtet. An der Karls-Universität hatte er begonnen, Philosophie zu studieren, an der Universität São Paulo konnte er sein Studium fortsetzen. Den

Vater hatten die Nazis in Buchenwald zu Tode geprügelt, Mutter und Schwester in Auschwitz ermordet.

Eine Rückkehr nach Europa war für Flusser lange Zeit ausgeschlossen. »Wie kann man in einer Kultur weiterleben«, fragte er, »nachdem sich gezeigt hat, wozu sie fähig ist?«

Und doch, in der südfranzösischen Abgeschiedenheit, in der Provence, diesem »Antibrasilien«, wo er sich 1974 niederließ, suchte Flusser Antworten und Auswege, wurde zum streitbaren Philosophen einer Epoche. Er sah eine neue Welt der elektronischen Denkmaschinen entstehen, verursacht durch den telematischen Fortschritt. Die Computertechnik mache Schluß mit dem abgewirtschafteten europäischen Humanismus und seiner Schriftkultur, diesem linear historischen Denken; das war die These eines Mannes, der wußte, was verlorenzugehen drohte, der es wohl kaum zufällig ablehnte, seine manuelle Schreibmaschine aus der unmittelbaren Nachkriegszeit gegen einen Wordprocessor einzutauschen. Dennoch: Flusser betrieb keine rückwärtsgewandte Kulturkritik – Melancholie lag ihm fern.

In den Computern sah er gar ein Stück Kulturrevolution: Die Maschinen, so Flusser, ermöglichten endlich die »Politisierung in einem neuen Sinne des Wortes Polis« – ein großes Netz, in das sich jeder einschalten könne. Die Dezentralisierung der Macht sei damit in greifbare Nähe gerückt. Das Gespräch aller mit allen könne beginnen.

Den Weg dorthin, zum großen Palaver, hat Flusser 1987 in einem kühnen Experiment vorgezeichnet. Sein Buch *Die Schrift,* das vom Ende des alphanumerischen Code handelt, ist als Computer-Diskette lieferbar, verbunden mit einer Aufforderung an den Benutzer, den Text zu verändern, »umzuschreiben« und fortzusetzen. Eine neue Dimension des Kommunizierens wollte Flusser mit diesem »ersten wirklichen Nichtmehrbuch« eröffnen: Der Leser sollte als Rezipient, Kritiker und Autor zugleich in einen Dialog mit Flusser treten.

Die telematische Gesellschaft, die große Vernetzung beinhalte Serien von Möglichkeiten, eine beinahe unendliche

Summe von Projekten. Das große Spiel etwa, das war für Flusser keine naive Utopie, sondern *eine* Möglichkeit. Nicht zuletzt ein Stück Design. Er freilich kannte auch die Gefahren: »Die Kabel können nämlich«, schrieb Flusser, »statt zu Netzen zu Bündeln geschaltet werden, ›faschistisch‹ statt ›dialogisch‹.« Deshalb sei es an den Designern, für die Vernetzung von reversiblen Kabeln zu sorgen. Eine Aufgabe, der, so Flusser optimistisch, die Gestalter »gewachsen sind«. Wahrlich, Flusser hatte einen emphatischen Begriff vom Design: Dessen Verursacher sah er – in seinem letzten Text für den *Design Report* – durchaus als Schöpfer von Welten, als Entwerfer virtueller Kulturen. Gerade deshalb wurde er gelegentlich zornig, wenn er merkte, daß Designer die Herausforderung nicht erkannten.

Kritiker haben ihm vorgehalten, er versuche sich durch gewagte Theorien ins Gespräch zu bringen und kultiviere den *goût de provocation*. Flusser fühlte sich erkannt und reagierte souverän: »Ich will Zweifel erwecken. Alles, was ich sage, klingt wie eine These, noch dazu wie eine nicht sehr gut gestützte. Weil man nicht heraushört, daß immer etwas Ironie mit drin steckt. Ich nehme mich nicht vollkommen ernst. Und auch die Probleme nehme ich nicht vollkommen ernst. Was ich möchte, ist provozieren. Im wahren Sinne des Wortes provozieren: hervorrufen.« So, im dialektischen Spiel von Provokation und Evokation, spekulativer Theorie und Trivialität des Alltags, entstanden auch Flussers Betrachtungen über den Stand der Dinge – und über die Kunst, dem Status quo stets aufs Neue zu verrücken. 19 Lektionen einer unbotmäßigen Design-Fibel.

Fabian Wurm

Biographisches

1920   Vilém Flusser wird am 12. Mai in Prag geboren. Er wächst in einer jüdischen Prager Intellektuellenfamilie auf; der Vater, Gustav Flusser, lehrt als Professor für Mathematik an der Karls-Universität.

1931   Besuch des Smichovo-Gymnasiums in Prag.

1939   Beginn des Studiums der Philosophie an der Karls-Universität in Prag.

1940   Flucht mit Edith Barth nach London.

Ende 1940   Gemeinsame Emigration nach Brasilien.

1941   Heirat mit Edith Barth in Rio de Janeiro.

1950–1961   Tätigkeit in der Industrie. Direktor einer Transformatorenfabrik in São Paulo. Gleichzeitig setzt er seine philosophischen Studien fort: »*Das bedeutete, daß man am Tag Geschäfte trieb und in der Nacht philosophierte.*«

1957   Erste Veröffentlichungen zu sprachphilosophischen Themen im *Suplemento Literário do Estado de São Paulo*.

1959   Berufung als Dozent für Wissenschaftsphilosophie an die Universität São Paulo.

ab 1960   Ständiger Mitarbeiter des *Suplemento Literário do Estado de São Paulo*. Veröffentlicht erste Beiträge in der *Revista Brasileira do Filosofia*, der Zeitschrift des Brasilianischen Philosophischen Instituts, São Paulo.

ab 1961   Regelmäßige Veröffentlichungen in zahlreichen brasilianischen Zeitschriften, so der *Cultura Brasileira*.
Die *Folha de São Paulo*, eine der größten Tageszeitungen des Landes, richtet eine Kolumne ein: *Posto Zero*.

1962	Mitglied des Brasilianischen Philosophischen Instituts, São Paulo.
1963	Ernennung zum ordentlichen Professor für Kommunikationsphilosophie an der Hochschule für Kommunikation und Geisteswissenschaft (FAAP) in São Paulo. Berufung in den Beirat der *Fundação Bienal des Artes*. Sein erstes Buch erscheint: *Lingua e Realidade*, Herder, São Paulo.
1964	Mitherausgeber der *Revista Brasile a de Filosofia*.
1965	Vorlesungen über Sprachphilosophie an der humanistischen Fakultät des Technologischen Instituts für Flugwesen, São Paulo. *A História do Diabo* erscheint im Verlag Martins, São Paulo.
1966–1967	Emissär des brasilianischen Außenministeriums für kulturelle Zusammenarbeit mit Nordamerika und Europa.
1966	*Filosofia da Lingages*, ITA, Campos de Jordão.
ab 1966	Regelmäßiger Mitarbeiter der *Frankfurter Allgemeinen Zeitung*.
1967	*Da Religiosidade*, Commissão Estadual de Cultura, São Paulo.
ab 1967	Gastvorlesungen an nordamerikanischen und europäischen Universitäten. Teilnahme an internationalen Kongressen. Veröffentlichungen in europäischen und nordamerikanischen Zeitschriften: *Artitudes*, Paris; *Communication et Langages*, Paris; *Main Currents*, New York; *Merkur*, München.
1972	Im Konflikt mit der Militärregierung erfolgt die Übersiedlung nach Europa. Edith und Vilém Flusser lassen sich zunächst in Meran nieder. Arbeit an einer philosophischen Autobiographie: *Zeugenschaft aus der Bodenlosigkeit*. Das Fragment wird 1992 unter dem Titel *Bodenlos* bei Boll-

mann, Düsseldorf und Bensheim, veröffentlicht.
In französischer Sprache erscheint: *La Force du Quotidien*, Mame, Paris.

1973   Umzug nach Robion, Südfrankreich. Arbeit an einer Phänomenologie der menschlichen Gesten.

1974   *Le Monde codifié*, herausgegeben vom Institut de l'Environement, Paris.

1977   *L'art sociologique et la vidéo à travers la démarche de Fred Forest*, Collection 10/18, Paris.

1979   *Natural:mente*, Duas Cidades, São Paulo.

1981   *Pós-história*, Duas Cidades, São Paulo.

1983   Die erste deutschsprachige Buchveröffentlichung: *Für eine Philosophie der Fotografie*, European Photography, Göttingen (mittlerweile in acht Sprachen übersetzt).

1985   *Ins Universum der technischen Bilder*, European Photography, Göttingen.

ab 1985   Zahlreiche Vorträge in Westeuropa, vor allem in der Bundesrepublik Deutschland.
Aufsätze, Essays und Glossen für Zeitschriften und Zeitungen: *Artforum*, New York; *Leonardo*, Berkeley; *Spuren*, Hamburg; *kultuRRevolution*, Essen, *Design Report*, Frankfurt am Main; *Kunstforum International*, Ruppichteroth; *Arch+*, Aachen.

1987   *Vampyroteuthis infernalis* (zusammen mit Louis Bec), Immatrix Publications/European Photography, Göttingen. *Die Schrift. Hat Schreiben Zukunft?* erscheint gleichzeitig als Buch und als Diskette bei Immatrix Publications/European Photography.

1988   *Krise der Linearität*, Benteli, Bern.

1989   *Angenommen. Eine Szenenfolge*, Immatrix Publications/ European Photography, Göttingen.

1990   *Nachgeschichten*, Bollmann, Düsseldorf und Bensheim.

1991   *Gesten. Versuch einer Phänomenologie*, Bollmann, Düsseldorf und Bensheim.
Vilém Flusser stirbt am 27. November bei einem Verkehrsunfall in der Nähe von Prag; kurz zuvor hatte er seine Geburtsstadt besucht – erstmals nach über 50 Jahren.

Nachweise

Vom Wort Design. In: *Design Report. Mitteilungen über den Stand der Dinge,* Nr. 15, Dezember 1990.

Der Blick des Designers. In: *Design Report,* Nr. 18/19, Dezember 1991.

Von Formen und Formeln. In: *Design Report,* Nr. 20/21, Juni 1992.

Design als Theologie. In: *Design Report,* Nr. 14, Oktober 1990.

Ethik im Industriedesign? Übersetzung der Abschrift eines Vortrags, den Flusser in englischer Sprache auf dem Kongreß der »Akademie Industriele Vormgeving« in Eindhoven am 21. April 1991 frei gehalten hat. Erstpublikation unter dem Titel: *Ecological and anthropological feedback between tools and their users. Ethics in Industrial Design?* in: *Industrieel ontwerpen,* Nr. 3, 1991. Übersetzung von Anne Hamiton.

Der Krieg und der Stand der Dinge. In: *Design Report,* Nr. 16, März 1991.

Design: Hindernis zum Abräumen von Hindernissen. Vortrag auf dem »Internationalen Forum für Gestaltung« (IFG) in Ulm, 2. September 1988. Erstpublikation unter dem Titel *Gebrauchsgegenstände.* In: *Basler Zeitung,* 8. September 1988. Wieder in: *Design Report,* Nr. 9, Januar 1989.

Schirm und Zelt. Referat zum »Steirischen Herbst '90«, am 10. Oktober 1990 in Graz. Erstpublikation in: *auf, und, davon. Eine Nomadologie der Neunziger. Herbstschrift Eins,* Nr. 3, 1990, unter dem Titel *Zelte.* Wieder in: *Arch+. Zeitschrift für Architektur und Städtebau,* Nr. 111, März 1992.

Der Hebel schlägt zurück. In: *Design Report,* Nr. 12, Oktober 1989.

Warum eigentlich klappern die Schreibmaschinen? Erstveröffentlichung in: *Basler Zeitung,* 20. Oktober 1988. Wieder in: *Design Report,* Nr. 11, August 1989.

Das Unterseeboot. Typoskript aus dem Nachlaß, undatiert (1970); Publikationsdaten bislang nicht zu ermitteln, wahrscheinlich nicht veröffentlicht.

Die Fabrik. Vortrag zum Unternehmergespräch der AGIPLAN, Aktiengesellschaft für Industrieplanung, Mülheim/Ruhr, 5. März 1991. Erstpublikation.

Nackte Wände. Erstveröffentlichung unter dem Titel *Walls* in: *Main Currents*, Vol. 30, No. 4, 1974. Deutsche Fassung in: *Arch+*, Nr. 111, März 1992. Übersetzung von Andreas Bittis.

Durchlöchert wie ein Emmentaler. In: *Design Report*, Nr. 17, Juni 1991.

Wittgensteins Architektur. In: Mischa Kuball, *Welt-Fall*, Mönchengladbach 1991.

Brasilia, In: *Frankfurter Allgemeine Zeitung*, 3. Januar 1970.

Stadtpläne. Erstveröffentlichung unter dem Titel: *Projetos Superpostos* in: *Folha de São Paulo*, 1970. Übersetzung von Nicole Reinhardt.

Schamanen und Maskentänzer. In: *Design Report*, Nr. 10, Mai 1989.

Form und Material. Erstveröffentlichung unter dem Titel *Schein des Materials* in: Wolfgang Drechsler/Peter Weibel: *Bildlicht*, Wien 1991. Bearbeitete und gekürzte Fassung in: *Arch+*, Nr. 111, März 1992.

YIRMIYAHU YOVEL

SPINOZA – Das Abenteuer der Immanenz

Aus dem Englischen
von Brigitte Flickinger.
552 Seiten, Hardcover
DM 48,00/öS 375,–/sFr 46,00

*

In seinem so lesenswerten wie lesbaren Buch führt Yovel die Philosophie Baruch Spinozas auf ihre historischen Ursprünge im spanischen Marranentum zurück. Seine »Philosophie der Immanenz« – alles Sein ist diesseitig und außerhalb davon gibt es nichts – stellt die Hauptprämissen des Judentums und des Christentums in Frage und gibt zugleich der philosophischen Tradition eine revolutionäre Wende. Mit seiner »Parteinahme für die Weltlichkeit« wurde Spinoza zum Vorboten der Moderne. Kant, Hegel, Heine, Feuerbach, Marx, Nietzsche und Freud, sie alle haben sich in unterschiedlicher Weise auf Spinoza bezogen. Sie sind die »anderen Häretiker«, die alle in der Nachfolge Spinozas dafür gekämpft haben, daß die Welt nicht länger eine Stätte des göttlichen Gerichts, sondern ein Ort des menschlichen Lebens sei.

Bitte fordern Sie das kostenlose Gesamtverzeichnis an:
Steidl Verlag · Düstere Str. 4 · 37073 Göttingen

ALEXANDER NEHAMAS

NIETZSCHE – Leben als Literatur

Aus dem Englischen
von Brigitte Flickinger.
256 Seiten, Hardcover
DM 38,00/öS 297,–/sFr 37,00

*

Nehamas versteht Nietzsches Gedanken-
welt im doppelten Sinn als literarisch. Er
behauptet, daß Nietzsche die Welt wie
einen literarischen Text begriff, und fol-
gert daraus, daß es Nietzsches Ziel als
Autor war, seiner Philosophie einen spe-
zifisch literarischen Charakter zu geben.
Literatur bedeutet die Möglichkeit einer
Vielzahl von Perspektiven, und aus diesem Perspektivismus versucht Nehamas
die Widersprüche im Werk Nietzsches
herzuleiten. Wie Nehamas zu dem
Ergebnis kommt, daß sich Nietzsches
ideales Wesen im Akt des Schreibens kon-
stituiert, beschreibt seine komplex ange-
legte Studie. Nehamas entfaltet eine
geistreiche und subtile Nietzsche-Inter-
pretation und präsentiert ein kohärentes
Bild des Philosophen. Diese herausfor-
dernde Sichtweise formuliert er in einer
eleganten und anspielungsreichen Sprache, die sehr ungewöhnlich ist für heu-
tige philosophische Arbeiten.

Bitte fordern Sie das kostenlose Gesamtverzeichnis an:
Steidl Verlag · Düstere Str. 4 · 37073 Göttingen